MAJOR DE L'ARMÉE
2e Bureau

CTION DU NORD

SECRET

GUERRE RUSSO-JAPONAISE

Note n° 7

6 Juillet 1905

Exemplaire n° .... **remis à** ....

État-Major de l'Armée
2e Bureau

Section du Nord

Secret

Guerre russo-japonaise

Note No 7.

Le 6 Juillet 1905

Avant-propos

Les principaux événements de la Guerre russo-japonaise ont été résumés dans diverses notes dont la dernière exposait la situation générale à la veille de la bataille de Moukden.

Le présent travail est consacré à l'étude de cette bataille, la plus importante de toute la campagne.

Cette note sera divisée en 8 chapitres:

Croquis:

1 - Les Forces en présence.

Forces russes — Rien n'est à changer dans l'évaluation d'effectifs présentée dans la note précédente (Note N°6).

D'après cette évaluation, l'armée de Kouropatkine devait comprendre :

380. Bat^ons^ × 800 hommes = 304.000 h^s^ infanterie
170. Escad^ons^ × 100 h. " = 17.000 h. cavalerie
175. batteries × 200 h. " = 35.000 h. et 1334 canons
Génie, parcs, pontonniers, etc. = 24.800 h.

Total arrondi = 380.000 hommes.

Le seul point sur lequel pourrait porter l'indétermination est le chiffre moyen réel de l'effectif du du bataillon russe. — Nous l'avons toujours compté à 800 h. ; faute d'indications précises contraires, nous maintenons ce chiffre : 1° parce qu'après quatre mois de repos depuis la bataille du Chaho, les unités avaient dû se recompléter tout au moins dans une mesure importante : 2° parce que celles qui arrivaient d'Europe avec leur effectif complet de guerre relevaient notablement la moyenne.

Ces forces furent organisées en trois armées de composition très changeante — Les mutations furent si fréquentes qu'on n'a pu indiquer l'emplacement des corps russes sur les croquis.

Il semble que, tout au moins à la veille de la bataille la répartition fut la suivante:

1ère Armée – (Linievitch) { 1er Corps d'Europe, II; III; IV Corps sibériens et le Corps indépendant de Rennenkampf.

2e Armée – (Kaulbars) { Ier Sibérien, 8e et 10e Corps Européens, Corps de Tirailleurs d'Europe.

3e Armée – (Bilderling) { V; VI, Corps sibériens, 17e Corps européen

Réserve générale (à Moukden) – 16e Corps européen.

Forces japonaises. — La note précédente donnait, pour les effectifs japonais (de l'Armée d'Oyama):

254 Batons x 1000 hommes = 254.000 h. Infanterie
53 Escadons x 130 h. = 6.890 h. Cavalerie
900 canons x 25 h. = 22.500 h. Artillerie
Artillerie lourde, Génie, troupes techniques 25000 à 26.000 hommes
Total arrondi : 310.000 hommes.

Cette évaluation doit être légèrement rectifiée – La 1ère Division était présente toute entière à la bataille de Moukden, au lieu d'une seule de ses brigades. En outre, une division de réserve (Sakaï) du Corps de Kawamoura participa également à l'affaire (les deux autres étaient restées plus au Sud) – Cela fait un surplus total de: { 18 bataillons
3 Escadrons
54 canons

Oyama devait donc disposer de :

272 Bataillons × 1000 =	272.000 h.	infanterie
56 Escadrons × 130 =	7.280 h.	Cavalerie
954 Canons × 25 =	23.850 h.	Artillerie

En tenant compte du personnel de l'artillerie lourde, du Génie, des Troupes techniques, etc., il semble qu'on puisse arrondir le total général à environ <u>320.000 hommes.</u>

(Ce chiffre ne comprend pas les forces japonaises qui n'ont pas paru à la bataille de Moukden).

Le Maréchal Oyama avait donc à sa disposition 14 divisions, dont une de réserve. — Leur groupement en Corps avait subi quelques modifications et était devenu le suivant :

Ier Corps (Kouroki) : Garde, 2e et 12e Divisions
IIe Corps (Oku) : 3e, 4e 5e et 8e Divisions
IIIe Corps (Nogi) : 1e, 7e et 9e Divisions
IVe Corps (Nodzu) : 6e et 10e Divisions
Ve Corps (Kawamoura) : 11e Division et Division de réserve (Sakaï)

Les croquis ci-joints donnent l'emplacement de départ et la Direction de marche de chacune de ces 14 Divisions.

<u>Comparaison des effectifs.</u> — D'après ce qui précède, Kouropatkine aurait eu 60.000 h. environ de plus que son adversaire. —

Point n'est besoin d'essayer de modifier ces

chiffres par des hypothèses inexactes pour pouvoir expliquer comment les Japonais purent se présenter sur les emplacements principaux du combat avec une supériorité numérique incontestable. Ce résultat provenait, selon toute apparence, des causes suivantes:

1er - Différence d'Organisation pour l'enlèvement des blessés. - Un blessé japonais est enlevé par des non-combattants (brancardiers ou coolies chinois); ses camarades ne quittent pas le feu. - Un blessé russe est ramassé par 4 de ses voisins. 5 hommes quittent ainsi le front de combat. - Dans une bataille comme celle de Moukden où le nombre des blessés atteint ou dépasse 50.000 h de part et d'autre, on peut apprécier les inconvénients qu'entraîne la méthode russe.

2°- Différence d'organisation pour les services de l'arrière. Les Japonais maintiennent tous leurs combattants au feu; leurs convois, la garde de leurs lignes de communication, leurs manutentions sont confiés à des Chinois loués ou réquisitionnés. - Les Russes, au contraire, dont les convois sont très lourds et les impedimenta beaucoup trop encombrants, perdent énormément de leur personnel combattant pour des Services accessoires d'escorte, de garde de lignes de communication, etc...

3°- Différence dans le mode d'engagement des troupes - Les Japonais mettent en jeu dès le début toutes leurs ressources; sur les 14 Divisions qui étaient présentes à Moukden, 14 étaient en ligne.

- Les Russes n'engagent pas leurs troupes d'un seul coup

mais d'une manière progressive ; il est incontestable que le premier système donne beaucoup plus l'impression de la supériorité numérique, à égalité d'effectifs.

4°– Enfin et surtout différence dans la manœuvre d'ensemble. – Les Japonais économisent à l'extrême leur personnel sur de vastes espaces en face desquels ils n'ont pas l'intention de porter leur effort, et accumulent leurs moyens en face des objectifs à enlever. – Les Russes s'étendent sur tout leur front avec une densité relativement uniforme et se trouvent nécessairement en infériorité numérique plus ou moins grave aux endroits décisifs.

II – La Situation de départ

Côté Japonais. – Vers le 20 Février, les troupes japonaises occupaient par leurs avant-postes, la ligne du Houn-ho, depuis Siaobeiho jusqu'à Kaïlatosa (voir le croquis N°1). Sandepou, Linchinpou, les rives du Chaho jusqu'à Bianiapoutza, les cols de Ouanfouling et de Kaoutouling et la crête des monts Taling.

Primitivement, Oyama avait ses 3 corps ainsi disposés :

Oku : de Siaabeiho à Linchinpou, avec réserves à Tatouzampou

Nodzu : de Linchinpou à Bianiapoutza

Kouroki : à l'Est de Bianiapoutza, le gros de ses

forces demeurant entre les mines de Yantaï et Tenseikou.

Devant leur centre, (région du Chaho), les Japonais avaient construit deux lignes fortifiées de redoutes fermées, entre lesquelles régnait une troisième ligne formée de tranchées avec une masse de défenses accessoires (réseaux, fougasses etc...) - Ils pouvaient compter sur la résistance de leur centre ainsi fortifié, même tenu avec peu de monde, et manœuvrer par les ailes.

Oyama résolut d'agir par l'Ouest, c'est-à-dire par sa gauche. Cette intention était logique, puisque la manœuvre devait s'exécuter avec de gros effectifs et dans un temps limité, pour atteindre le chemin de fer russe au Nord de Moukden.
Par l'Est l'opération eût été longue et difficile à cause de la nature montagneuse du pays; elle aurait couru de ce côté le risque sinon d'échouer du moins d'être dangereusement retardée; par l'Ouest au contraire, le détour était moins long à faire, et le mouvement de la masse de manœuvre plus rapide et plus facile à cause de l'absence de tout accident de terrain (les rivières étaient gelées)

Cette idée dominante de l'action à tenter ainsi fixée, il restait à en préparer l'exécution et à donner le change aux Russes sur la direction de l'attaque principale.

En conséquence la bataille devait s'engager et progresser d'abord par l'Est - Si l'on se rappelle que, jusqu'alors, les Japonais avaient toujours cherché la décision par les parties montagneuses du terrain, les Russes pouvaient être assez facilement amené à croire qu'il en serait encore ainsi ; De plus, Kouropatkine était resté dans l'ignorance absolue de ce qu'était devenue l'Armée de Port-Arthur ; l'apparition vers l'est de nouvelles troupes japonaises devait l'incliner à penser que tout le corps de Nogi était acheminé de ce côté et à diriger vers cette région ses réserves disponibles.

C'est apparemment dans ce but que la 11ème division active fut envoyée à la droite de Kuroki. — Cette Division quitta Port-Arthur le 22 Janvier, s'avança par étapes par Kintchéou, Pitséouo, Takouchan et Fengouan-Tchen;(1) de là elle fut transportée à la passe de Motien par un petit chemin de fer militaire et acheva son itinéraire par étapes jusque dans la région de Tsiang-Tchang. Elle devait, avec 3 Divisions de réserve de nouvelle formation, constituer le Corps du Général Kawamoura ; mais de ces 3 divisions une seule, la division Sakai, fut portée en ligne ; les deux autres restèrent assez loin en arrière et ne prirent aucune part à la bataille de Moukden.

C'est à la suite de ces dispositions que nous voyons apparaître, à l'extrême droite d'Oyama deux divisions nouvelles ; la 11ème division active et la division de réserve Sakai, du Corps de Kawamoura.

---

(1) Nous n'avons pas fait de croquis spécial pour placer ces différents noms, déjà connus à la suite des opérations de 1904.

Pendant ce temps, tout le reste du Corps de Nogi se concentrait autour de Siaobeiho. Il comprenait les 1re, 7e et 9e divisions. La concentration était terminée vers le 14 Février[1]. Il remonta ensuite lentement vers le nord pour prendre la gauche d'Oku et son alignement, ce mouvement préparatoire s'exécutant à l'abri d'un rideau d'avant-poste mixtes impénétrable qui fut tendu jusqu'au Liao pour empêcher les Russes d'avoir des indications sur la présence de cette masse de manœuvre.

Il faut ajouter que, tout à fait au début des ces mouvements préparatoires, l'une des divisions d'Oku, la 3e, avait été placée en arrière en réserve; mais cette disposition, contraire aux habitudes japonaises, fut modifiée avant l'engagement général, et cette 3e division vint s'intercaler entre la 4e et la 5ème (On peut remarquer sur le croquis n°1 le resserrement particulier de cette partie du front japonais occasionné apparemment par cette intercalation tardive.
Cette division était en ligne vers le 3 mars.

Ces divers mouvements préparatoires amenèrent la disposition générale figurée au croquis N°1 — Ce dispositif était couvert, du côté de l'aile marchante, c'est-à-dire à la gauche de Nogi, par le Corps de cavalerie du Général Akiyama.

---

(1) La 9ème Division, partie la dernière de Port-Arthur, était toute entière à Liao-Yang le 28 Janvier.

Aux 13e et 14e régiments de la 1re Brigade indépendante de cavalerie avaient été joints de nombreux escadrons détachés des régiments divisionnaires de tous les corps – Le Général Akiyama avait ainsi sous ses ordres près de 40 escadrons, y compris la 2e brigade indépendante de cavalerie; on lui adjoignit en outre 1000 hommes d'Infanterie, une batterie de 12 mitrailleuses et une batterie à cheval.(1)

Au commencement du mouvement, Akiyama masqua le corps de Nogi; ultérieurement il couvrit sa gauche; ce fut un de ces détachements qui franchit le Liao et occupa Sin-min-ting le 1er Mars.(2)

Cette concentration en une seule masse de la cavalerie japonaise, en pays plat et à l'aile offensive était judicieuse et rationnelle; elle eut des résultats d'autant meilleurs que les Russes agirent exactement en sens inverse; ils disloquèrent le groupe imposant de Michtchenko, pour en envoyer une partie dans l'Est et une partie dans le Nord à la poursuite de partisans Kounghouses. On arriva ainsi à ce résultat inattendu de fournir aux Japonais, au moment décisif et au point le plus important, la supériorité numérique en cavalerie. – Il eût été difficile de concevoir des dispositions plus malheureuses.

Ordre de bataille japonais. – Des dispositions qui précèdent

---

(1) Ce fut la première batterie à cheval organisée dans l'armée japonaise. On prit pour cela une batterie montée, aux servants de laquelle on donna des montures.

(2) – Voir plus loin, chapitre III, page 25, la composition des détachements Akiyama et Tamura.

résulta l'ordre de bataille japonais tel qu'il est indiqué sur le croquis N°1. — Il comprenait 14 divisions, dont une de réserve, toutes en ligne sur un front de 160 kilomètres de développement. — Oyama n'avait aucune réserve générale, à moins que l'on ne veuille considérer ainsi les troupes de remplacement amenées à proximité du champ de bataille et destinées à boucher les vides produits par l'action. — À Moukden, comme au Chaho, comme à Liao-Yang, le Généralissime japonais jouait donc son va-tout.

Chacune des 14 Divisions formait une colonne d'attaque; chaque corps avait son champ d'action bien limité. — L'objectif des deux ailes était le chemin de fer russe au Nord de Moukden; la solidité du centre était assurée par l'accumulation d'ouvrages défensifs et par la grosse artillerie amenée de Port-Arthur (Le Général Sumedjima avait fait transporter devant Moukden tout ce qu'il y avait de disponible; on y vit les calibres les plus divers et une certaine proportion de pièces russes). En même temps de violents coups de boutoir devaient être portés dans cette région centrale pour donner le change aux Russes et y immobiliser leurs troupes. — Grâce à ces manœuvres, Oyama put augmenter considérablement la densité de son dispositif d'attaque principale; on peut voir en effet sur le croquis N°2, 9 divisions attaquer les 50 km. qui s'étendent de

Chahopou à Tachitsao et Padiaza, tandis que 5 divisions seulement mènent le combat sur les 110 km. de Chahopou à Tita.

Le plan japonais se déroula conformément aux dispositions arrêtées d'avance; judicieusement établi, il n'en comportait pas moins d'énormes risques; il escomptait l'ordinaire passivité de l'adversaire; l'événement lui donna raison.

Côté russe — La droite du dispositif russe était constituée par l'Armée de Kaulbars. — Celui-ci avait son Quartier Général à Matouran sur le Houn-ho; ses troupes occupaient toute la région entre le chemin de fer à l'Est, Linchinpou et Tchantan au sud, Sufangtaï à l'Ouest. — Un chemin de fer à voie large, pour le transport du combustible et des approvisionnements, reliait le quartier général au Transmandchourien à Sahiatun. — Dans cette région, les villages étaient nombreux et importants; chacun d'eux, avec ses épais murs de glaise intraversables par les balles de fusil et de schrapnel, formait un fort capable de soutenir une longue résistance; toutes ces localités avaient été mises en état de défense; on avait construit entre elles des ouvrages fermés (redoutes) et d'autres ouverts (lunettes), réunis par des communications couvertes et protégées par des réseaux de fil de fer, des trous de loup et quelques abatis. — C'est aussi l'armée de Kaulbars qui disposait de la plus grande partie des canons lourds, lesquels battaient principalement les villages de Sandepou, et à l'Est.

A gauche de la II° Armée cantonnait la III° commandée par le général Bilderling dont le quartier général était à Suhiatun - Dans cette région, au Nord de Chahopou, les villages chinois avaient été en grande partie détruits; par contre les ouvrages construits par les Russes étaient puissamment constitués, munis de communications larges et profondes, pourvus de fougasses électriques, et automatiques et armés de canons de siège placés principalement en face de la station du Chaho.

La gauche Russe était formée par l'Armée de Liniévitch dont le quartier général était à Huanchan - Elle s'étendait sur une vaste région montagneuse, depuis la colline Poutilov à droite jusqu'au delà de Matsioudan à gauche -

A l'extrême-gauche étaient placés les détachements du Général Rennenkampf et du Colonel Madritov qui s'étendaient jusqu'à Smitsintin - Dans cette région montagneuse il y avait peu de villages; on construisit des redoutes et des lunettes aux cols ou à leur proximité.

Pour couvrir l'ensemble de ce dispositif la cavalerie russe avait été morcelée en 8 groupes; l'un observait le flanc droit du côté de Sinmintong (51e et 52e Dragons) ; l'autre opérait dans les montagnes, vers Tsiang-Tchang et Saimatse (ce dernier point est en dehors des limites du Croquis N° 1) ; il comprenait la division de Sibérie et deux régiments du Transbaïkal ; un troisième groupe, composé de la division du Don et du régiment cosaque de l'Oussouri, était parti vers le nord le 18 Février à la poursuite des bandes de partisans qui essayaient de couper le chemin de fer au nord de Tieling. — Le reste de la Cavalerie disponible (partie de la division cosaque du Transbaïkal, régiment de dragons de la Province maritime, régiment cosaque de l'Amour ; 1er régiment d'Orembourg, etc...) assurait le service des escortes et la liaison entre les corps d'Armée.

Le Quartier-Général de Kouropatkine était au Village de Saketoun, près de l'embranchement à voie large qui allait aux mines de Fouchoun.

Outre les deux embranchements sur Matouran et Fouchoun, on avait construit diverses lignes à voie étroite et à traction de chevaux, pour desservir les magasins de corps d'Armée et les batteries de siège.

De grands dépôts et des lazarets existaient à Matouran, à Suhiatun, à Huanchan, à Fouchoun. Le magasin principal était à Moukden : il y en avait d'autres vers l'arrière, le long de la voie ferrée.

En arrière des position avaient été tracés de larges chemins pour les colonnes, avec poteaux indicateurs. De nombreux levés avaient été exécutés dans chaque corps d'Armée par les topographes; tout un réseau télégraphique et téléphonique reliait les villages et les redoutes à leurs états-majors, les batteries avaient en outre des téléphones portatifs de campagne les reliant à leurs observateurs. — Cet outillage était complété par une série d'observatoires de 10 sajènes de haut (21m30) tout le long des positions; à la station de Suhiatun fonctionnait un projecteur établi sur un bâti; enfin on avait à Moukden un service aérostatique en fonctionnement.

L'organisation matérielle de l'armée russe était donc suffisamment complète; elle disposait de vivres et de munitions en abondance; rien ne lui manquait pour agir; puissamment outillée, fortement retranchée sur son front, possédant la supériorité numérique, il lui appartenait de saisir l'initiative des opérations.

Le généralissime russe prit ses dispositions en ce sens; il résolut d'agir par sa droite, comme à la bataille de Sandepou, et fit venir de ce côté le 1er Corps Sibérien, qu'il considérait comme l'élite de son armée. — La marche en avant fut fixée au 25 février; le 24 au soir les ordres furent transmis pour l'exécution de ce mouvement offensif. Le 25 au matin, juste au moment de se mettre en route, le contre-ordre arriva.

L'évènement qui amena ce changement d'attitude paraît avoir été la prise de Tsinhotchen par les Japonais, le 24 Février au soir. Il était d'importance secondaire et n'aurait pas arrêté un chef résolu à une énergique offensive. On peut douter que Kouropatkine ait eu l'intention fermement arrêtée de se porter en avant, car l'offensive russe même victorieuse devait nécessairement se heurter à une vigoureuse résistance et se soumettre à de gros aléas ; si l'on avait été déterminé à faire face à ces difficultés, la prise de Tsinhotchen n'aurait pas arrêté le mouvement des Russes.

Quoi qu'il en soit, Kouropatkine subit dès ce moment la volonté de son adversaire et se prêta malheureusement à ses combinaisons. – Entièrement dominé par les évènements, on le vit dès le début de la bataille faire face hâtivement aux dangers qui se révélaient par des combinaisons locales provisoires qui amenèrent rapidement une profonde désorganisation de ses unités principales. – Au corps de Cavalerie de Michtchenko (blessé à la bataille de Sandepou), il donna Rennenkampf pour chef ; puis, les Japonais attaquant, dans l'Est, il envoya Rennenkampf leur faire face[1], tandis qu'il disloquait son corps de Cavalerie en 3 groupes ainsi qu'il a été dit plus haut. — Ayant appelé le 1er Corps de Sibérie à son aile droite, en vue de l'offensive du 25 février, il le renvoie à cette date à l'autre extrémité de son front de bataille pour arrêter les progrès des Japonais ; nous verrons bientôt, qu'après avoir fait de nouveau ces 80 kilomètres à marches forcées, il eut à peine le temps de prendre contact avec l'ennemi et fut ramené une fois de plus à l'extrémité Ouest, vers Moukden, restant inutile pendant tout le cours de la bataille. — Au cours des chapitres suivants on pourra relever toute une série de dispositions de cette nature dont le caractère d'improvisation contrastait grandement avec la manière méthodique dont se poursuivaient tous les mouvements de l'Armée japonaise.

<u>Conditions climatériques</u>. La bataille de Moukden fut livrée par un temps très froid ; il y eut 5 ouragans de neige dont 2 très violents. — La Houn-ho avait commencé à dégeler légèrement en amont de <u>Moukden</u>, mais en aval la glace (vers <u>Tchantan</u>) a pu porter troupes et convois. — Le Chaho était encore solidement pris dans tout son parcours. — Le terrain, durci

---

(1) Le corps mixte de Rennenkampf, figuré sur les croquis, comprenait une division de Cosaques et 2 brigades de Tirailleurs.

par le froid, ne pouvait être entamé par les outils de pionniers. — Plusieurs régiments japonais (notamment aux 2e et 6e divisions) se servirent de sacs de sable pour construire des couverts.

Au début de la bataille, la neige gêna beaucoup les Japonais dans l'attaque de Tsinhotchen. —
A Moukden par contre un grand ouragan soulevant des nuages de poussière aveuglants face aux Russes nuisit beaucoup à ceux-ci et contribua à créer du désordre dans leurs rangs; les Japonais recevant cette poussière dans le dos en furent moins incommodés.

III.(1) Période du 20 Février au 1er Mars. l'Attaque par la droite japonaise.

Le 18 Février il faisait encore très froid, mais comme il restait peu de jours de gelée assurée et qu'il était indispensable de pouvoir compter sur la traversée des cours d'eau sur la glace, le plan japonais commença à être mis en exécution.

La droite japonaise (Kawamoura) devait suivre deux directions principales pour atteindre Fouchoun partant des environs de Tsiang-Tchang: l'une par Tita (division de réserve Sakai), l'autre par Matsioudan (11ème division).

Le 18 Février, les Russes s'aperçurent devant leur gauche de la marche en avant d'importantes colonnes japonaises au Nord de Tsiang-Tchang.

Vers midi, ils envoyèrent deux détachements en reconnaissance: l'un, descendant la vallée du Taïtseho, s'établit à cheval sur cette rivière à Souidoun; les Japonais se contentèrent de l'observer; l'autre, suivant le chemin qui, de Tsinhotchen, va sur Ouitseouitse, occupa le col de Tsensouling, à 15 km. au S.E. de Tsinhotchen.

19 Février.

---

(1) Pour tout le chapitre III. voir le croquis N° 1.

19 Février

Commencement de la Bataille de Moukden. — Le 19 au matin, les Japonais ouvrirent le feu, contre le col de Tsensouling avec 4 canons (tirant avec de la poudre noire). Diverses attaques et contre-attaques se produisirent autour de ce col et de Souidoun pendant cette journée qui marque les premiers engagements de la bataille. — Le soir les Japonais occupèrent ces deux points.

20 Février — Les Russes se retirèrent de Taping douchan et se replièrent un peu en arrière du col de Tsensouling.

L'engagement principal de la journée eut lieu au col de Vanzeling où les Russes perdirent 14 morts et 63 blessés. — Les Japonais emportèrent la position vers 4 h 1/2 du soir.

La nuit suivante fut relativement tranquille.

21 Février — Les forces japonaises augmentèrent et refoulèrent les Russes peu à peu dans la direction de Tsinhotchen.

Pendant ce temps, le détachement russe de Sintsintin, à l'extrême-Est, battait un corps de Kounghouzes et occupait à nouveau Taping douchan. (Ces retours offensifs expliquent pourquoi les lignes de contact marquées sur le croquis ne correspondent pas toujours aux dates du texte; il ne faut les considérer que comme une ligne de démarcation générale approximative).

22 Février — Le 22, par suite de l'attitude indécise des Japonais, quelques détachements russes se portèrent en avant en

reconnaissance pour essayer de déterminer les forces et les positions de l'ennemi. On peut constater ainsi que les Japonais occupaient une série de positions au Sud et au Sud-Est de <u>Tsinhotchen</u>.

<u>23 Février</u>. — Le matin du 23, les Japonais marchèrent contre le détachement russe de <u>Tsinhotchen</u> (1). — La neige tombait abondamment ; on ne distinguait rien à quelques mètres devant soi et l'artillerie ne pouvait entrer en jeu. —

Les éclaireurs russes se retirèrent peu à peu sur la position fortifiée préparée par le groupe principal.

L'attaque japonaise fut assez décousue, vu le temps qu'il faisait ; elle parvint toutefois jusqu'à 1000 mètres environ des retranchements russes ; elle mit en jeu 2 mitrailleuses dont l'une fut éteinte par les Russes. — Finalement l'attaque échoua et les Japonais bivouaquèrent sur place dans la neige pendant la nuit suivante.

<u>24 Février</u>
<u>Prise de Tsinhotchen</u> — Les Japonais renouvelèrent leurs attaques le 24, en particulier contre une colline occupée par 3 compagnies russes sous les ordres du Lieut-Colonel Bereznev.

Plusieurs assauts furent repoussés en ce point, grâce surtout semble-t-il, aux cartouches de pyroxiline lancées par les Russes (Ces cartouches étaient préparées par

---

(1) Il comprenait la 71ème Division, avec 20 canons de campagne et de montagne. — Les compagnies étaient en moyenne à 150 h. — Le détachement était commandé par le Général Alexeïef.

le Lieut-colonel du Génie Roukin).

L'attaque se porta aussi contre les flancs, cherchant à déborder le petit détachement russe; 16 canons de montagne et une batterie de campagne furent mis en position par les Japonais; devant leur supériorité numérique, les Russes durent évacuer la colline Beresnev.

Les Japonais entrèrent à la nuit tombante dans Tsinhotchen, non sans avoir éprouvé des pertes très sensibles, du fait de l'emploi étendu fait par les Russes, de fougasses et de réseaux de fils de fer. Les défenseurs se retirèrent près de Sanlouniou après une résistance honorable; ils avaient perdu un millier d'hommes et 3 mitrailleuses.

Les Japonais tentèrent une poursuite immédiate mais durent y renoncer rapidement.

Ce jour là, au centre du dispositif russe, on commença à signaler des colonnes japonaises se portant contre le col de Ouanfouling.

25 Février — Le matin du 25, la poursuite des défenseurs de Tsinhotchen commença (Oyama avait donné la prescription générale de mener les poursuites à fond, tenant compte en cela des critiques faites antérieurement dans les journaux étrangers). Les Japonais se dirigèrent en combattant vers le col de Taling.

Cette journée fut relativement tranquille et

employée de part et d'autre à des travaux de fortification.

On a vu précédemment que l'offensive russe par la droite avait été contremandée le 25 au matin. — Ce même jour le 1er Corps de Sibérie reçut l'ordre de se porter entre l'Armée de Liniévitch et le détachement de Rennenkampf. Il marcha en deux colonnes toute la journée du 25 et presque toute la nuit suivante; les hommes en éprouvèrent une telle fatigue qu'ils durent s'arrêter le 26 et ne reprirent leur marche que le 27.

Pendant ce temps, dans les vallées du Chaho et du Houn-Ho, commençaient à se livrer quelques escarmouches. L'Artillerie de siège japonaise, concentrée dans la zône entre le Chaho et Sandepou, entretenait un feu intermittent contre les positions russes.

26 Février — Le mauvais temps recommença le 26 et la tempête de neige fit rage.

En abandonnant Tsinhotchen, les Russes s'étaient repliés, comme il a été dit, sur le col de Taling et sur Sanlounniou. — Une petite arrière-garde fut laissée au col même; les forces principales se réunirent à Sanlounniou, à 12 Kilom. en arrière de Taling. —

Un chemin de fer à traction animale réunissait Sanlounion à Matsioudan et à Fouchoun; grâce à cette voie on avait pu créer à Sanlounion un dépôt de vivres et de munitions.

Le 26, les Japonais reprirent leur marche en avant; à 11 h. du matin ils attaquèrent l'arrière garde russe du Col de Taling, tandis qu'avec d'autres troupes ils s'efforçaient de déborder les Russes en attaquant vigoureusement d'autres cols situés sur les flancs.

L'arrière-garde de Taling résista avec acharnement d'abord par le feu, puis avec la baïonnette lorsque les munitions furent épuisées; mais les progrès latéraux des Japonais menaçaient de plus en plus cette arrière-garde et le dépôt de Sanlounion. Ordre fut donné aux défenseurs de battre en retraite, mais le détachement russe de Taling ne se retira qu'à 9 h. du soir lorsqu'il se vit presque complètement enveloppé; sa vigoureuse attitude avait permis de gagner assez de temps pour achever l'évacuation du contenu du dépôt de Sanlounion.

Les divers groupes russes se replièrent à la nuit sur Oubeniapoutza. — La nuit suivante les Japonais vinrent les y attaquer, mais ils furent repoussés à la baïonnette.

Dès lors les progrès japonais furent lents ou nuls dans cette région, le Général Rennenkampf ayant pris la défense en main et organisé une résistance qui prouva son efficacité. Malheureusement la gauche russe avait déjà reculé de 30 kilomètres et avait désormais perdu la situation favorable qu'elle occupait au début, sur les revers Sud de la crête des monts Taling.

Le même jour, les Japonais attaquèrent sans résultat les cols de Kaoutouling et de Ouanfouling et le village de Bianiapoutza : C'était l'armée de Kouroki qui commençait son mouvement de concert avec les divisions de Kawamoura. — Au centre, le bombardement de la colline Poutilov commença avec des pièces de siège.

Ce fut aussi le 26 Février que l'aile gauche japonaise se mit en marche, couverte par le corps de cavalerie d'Akiyama, ou plus exactement par deux détachements volants composés surtout de cavalerie, dont l'un était commandé par le Général Tomoura, l'autre, ainsi que l'ensemble, par le général Akiyama. Ils avaient la composition suivante :

Détachement du Général Tomoura { 4 regts. de cavalerie (1e, 9e, 15e, 16e)
1 bataillon d'Infanterie
12 canons de montagne
24 mitrailleuses.

Détachement du Gal Akiyama : composition analogue.

Ces détachements devaient exécuter un vaste mouvement tournant dans la direction de Tiéling ; ils étaient équipés à la légère, sans trains, et marchaient avec une rapidité extrême[1].

---

(1) Le Général Pavlov, dans un de ses rapports, signale ces détachements courant comme des « djinrikcha » vers le Nord-Ouest.

Derrière eux s'avançaient les têtes de colonne des 1re, 7e et 9e divisions japonaises.

27 Février — Le 27, l'extrême droite japonaise (division de réserve Sakai) vint en collision à Tita avec les 23e et 24e régiments de chasseurs sibériens (de la 6e Division du IIIe Corps : Général Danilov) qui disposaient de 8 canons de campagne et de 4 mitrailleuses. — Les réservistes japonais furent arrêtés net par les sibériens qui se maintinrent à Tita jusqu'au 7 Mars ; ils ne se replièrent, le 8, que sur l'ordre du Généralissime.

À Oubeniapoutza, les Japonais se heurtèrent à nouveau aux Russes dès 5 h. du matin, sans préparation préalable par l'artillerie et furent repoussés. — A 10 h. l'attaque fut reprise, cette fois par l'artillerie japonaise ; mais une batterie russe, adroitement dissimulée, éteignit le feu des pièces japonaises.

Les Russes en profitèrent pour fortifier leurs avant-postes.

À 1 heure, nouvelle attaque de l'ennemi, combinée avec un mouvement tournant exécuté avec des forces considérables sur le col de Hamandaling, ce qui menaçait de flanc la position russe principale de Tioupintaï. Mais, pendant ce temps, la gauche russe se portait de son côté à Houdiaza pour barrer d'une part le chemin de Matsiouidan et pour menacer d'autre part le flanc droit de l'attaque enveloppante japonaise. — La journée s'acheva sans résultat ; les Russes maintinrent partout leurs positions.

Au Centre, toute une série d'attaques acharnées furent livrées par Kuroki contre les positions russes de Kaoutouling et de Ouanfouling qui ne purent être enlevées (sauf une redoute à Ouanfouling).

Dans la région de la colline Poutilov à la voie ferrée, les Japonais exécutèrent un violent feu d'artillerie, se servant de bombes de 11 pouces contre la colline Poutilov. – Le soir, les Russes concentrèrent le feu de leurs canons de campagne contre les avant-postes japonais voisins du pont du chemin de fer – A 11 heures du soir, 5 compagnies d'Infanterie suivant la voie ferrée, attaquèrent les Japonais qui ne purent les repousser que vers 3 h. du matin après avoir reçu des renforts.

A l'ouest, les Russes constatèrent ce jour-là le mouvement des Japonais vers le Nord. – Nogi se mettait en marche, s'avançant en échelons la gauche très en avant, couverte par la cavalerie. Dans la nuit du 27 au 28, Kouropatkine reçut le renseignement que le village de Kaliatze, sur le Liao, était occupé par un fort détachement japonais. – Le front de combat allait encore s'étendre et la bataille prendre toute son ampleur.

28 Février – Le 28 Février les engagements se poursuivirent surtout le front. – Les Russes de Koudiaza maintinrent leurs positions devant des forces japonaises supérieures; à Oubeniapoutza ils repoussèrent plusieurs fois à la baïonnette les attaques de l'ennemi, Ils reçurent d'ailleurs quelques renforts de ce côté et opposèrent à la droite japonaise une résistance insurmontable.

A Kaoutouling, les Russes prirent un moment l'offensive et s'emparèrent d'une batterie japonaise ; le soir, les Japonais revinrent occuper leurs retranchements près du col.

Près de la voie ferrée, les Russes commencèrent à battre le pont du Chako et le village de Lanatoun avec des mortiers de campagne, puis se portèrent en avant. Malgré la résistance des Japonais, qui employèrent des projecteurs lorsque la nuit fut tombée, les Russes réussirent à s'emparer de la tête de Pont du Chaho et s'y maintinrent. Le combat se poursuivit toute la nuit. Pendant ce temps, les Japonais continuaient le bombardement des positions russes à la colline Poutilov, à Chahopou et en face de Sandepou.

A l'Ouest., Oku commença son mouvement en avant dans la région du Houn-ho, de manière à se conformer à la marche de Nogi ; mais il fut accueilli par le feu de 28 batteries russes, dont 4 de position, et bientôt arrêté par ce torrent de projectiles.

A sa gauche le IIIe Corps japonais continuait rapidement son mouvement qui n'était arrêté par aucune force importante ; la cavalerie russe était facilement refoulée vers le nord. Dès lors l'importance du mouvement de Nogi commença à s'accuser d'une façon suffisamment nette pour ouvrir les yeux au généralissime russe.

Avec le 1er Mars, la bataille de Moukden prenait sa véritable physionomie : attaque enveloppante japonaise par la droite (Kawamoura et Kouroki) arrêtée le 1er Mars par la gauche russe (Liniévitch et Rennenkampf), mais attirant vers l'Est les réserves russes ; attaque de front au centre, avec des forces réduites, pour maintenir en ce point une fraction de l'effectif russe ; attaque débordante par la gauche japonaise, constituant la manœuvre principale et décisive, et qui devait entraîner le résultat par la puissance des moyens développés.

IV.(1) - Période du 1er au 7 Mars. - Arrêt de l'attaque par l'Est, Attaque par la Gauche japonaise.

Le 1er Mars, les Russes s'aperçurent enfin de la gravité du mouvement japonais par l'Ouest ; la 2ème armée russe (Kaulbars) commença à s'engager avec le corps de Nogi : c'était le début des opérations autour de Moukden.

L'une des premières mesures prises par Kouropatkine fut le rappel vers l'Ouest du 1er corps de Sibérie. - Nous avons vu précédemment que ce corps avait dû s'arrêter de lassitude le 26 dans sa marche vers l'Est ; le 27 il repartit ; le 28 il obliqua vers le Sud-Est de manière à venir se placer entre la gauche de Liniévitch et Rennenkampf. - Le 1er Mars, parvenu sur le front de combat, il esquissait sa première manœuvre lorsque, brusquement, il reçut l'ordre de faire demi-tour. - Il repartit aussitôt, laissant 2 régiments sur l'emplacement qu'il quittait(2), et arriva le 3 Mars à Moukden

---

(1). Pour le chapitre IV, voir le croquis N° 2.

(2) Remarquer ces mesures dont l'habitude constante amena une profonde désorganisation des unités russes.

après avoir fait inutilement 200 kilomètres en 7 jours; le 4 il se reposa; le 5 il se porta derrière la droite de la 2ème Armée; du 6 au 10 il resta en grande partie inutilisé; le 10 il reçut l'ordre de la retraite.

1er Mars — A l'Est, vers 3 heures du matin, les Japonais recommencèrent leurs attaques contre Koudiaza et Oubéniapoutza. A Koudiaza, le Général Danilov repoussa victorieusement l'ennemi; une compagnie japonaise y fut presque entièrement détruite et les Russes firent même quelques progrès dans la journée. A Oubéniapoutza, les Japonais gagnèrent d'abord du terrain puis furent ramenés sur leurs positions initiales.

A Kaoutouling, le combat recommença aussi à 3h. du matin; les Japonais enlevèrent quelques retranchements qui furent repris par les Russes dans le courant de l'après-midi. En cet endroit les canons russes obligèrent l'artillerie japonaise au silence.

Vers Kandolisan, la lutte se borna à un échange de projectiles d'artillerie. — Toutes les attaques des Japonais contre le village de Vanchipou (près de Bianiapoutza, (non marqué sur le croquis) furent repoussées. — Ils échouèrent de même dans leurs tentatives contre les collines Poutilov et Novgorod (voisine de la précédente).

Pendant ce temps, se succédaient près du chemin de fer toute une série d'engagements d'artillerie; la lutte avait été engagée le 27 Février par les Japonais; les Russes avaient d'abord massé près de 300 canons dans le voisinage pour leur répondre ; le 3e jour (1er Mars) ils se renforcèrent encore de 15 batteries de campagne et de 4 batteries de siège. — Devant de tels moyens d'action les Japonais ne purent prendre la supériorité du feu.

Plus à l'Ouest, dans le secteur entre le Chaho et le Hounho, les Japonais exécutèrent un feu violent d'artillerie contre les positions russes au Nord de Sandépou et contre Tchantan ; il fut suivi d'une attaque en masse qui fut repoussée avec de grandes pertes. Les Russes avaient mis là en action 24 batteries de campagne et 4 batteries de canons lourds ; les Japonais, arrêtés par ce feu puissant, recommencèrent l'attaque la nuit suivante à 10 h. du soir, mais sans plus de succès. — Toutefois la 9e division japonaise réussit à occuper Sufangtai le 1er Mars.

Pendant ce temps, l'aile gauche japonaise continuait à avancer rapidement ; Nogi avait fait 45 Km. le premier jour de son mouvement, 30 Km. le second jour, 38 le troisième jour ; le 1er Mars son avant-garde entrait dans Sin-min-ting. Jusque là il n'avait rencontré aucune résistance ; la cavalerie russe avait prononcé quelques attaques contre les colonnes japonaises qui remontaient la vallée du Liao, mais avait été refoulée facilement.

Kaulbars avait d'abord étendu sa droite (1) vers Sufangtai, mais, lorsqu'on connut l'amplitude du mouvement de Nogi, une brigade du 16e corps (réserve générale) fut

---

(1) — Corps des tirailleurs d'Europe, qui n'opposa d'abord qu'une faible résistance aux Japonais

envoyée en hâte à Kaoulitoun, point où la route de Sin-min-ting sort du Territoire neutre. Elle y arriva le soir du 1er Mars et y resta le 2; mais, dans la nuit du 2 au 3, les Japonais apparurent sur ses derrières entre elle et Moukden elle voulut alors se replier mais eut à livrer un pénible combat contre l'ennemi qui l'attaquait de front et à dos. – Pendant deux jours on resta sans nouvelles d'elle et on la crut totalement perdue; ce ne fut que le 5 Mars qu'elle put rejoindre après s'être échappée par des routes au Nord.

Cette brigade fut vite jugée insuffisante, on renforça successivement le nouveau front par des prélèvements effectués sur les 1re et 3e armées Toutes les troupes ainsi amenées vers l'Ouest furent placées sous le commandement de Kaulbars.

2 Mars – La bataille continua le 2 Mars sur tout le front par un froid désagréable et un vent violent avec rafales neigeuses.

A Koudiaza le général Danilov (IIIe Corps Sibérien – 6e Division) repoussait cinq violentes attaques japonaises successives puis prenait l'offensive, dégageant ainsi le Général Lioubavin (2e Brigade de la division Rennenkampf.) que l'ennemi pressait fortement. – Les assaillants firent de ce côté des pertes considérables; le 2 au soir, le Général Kouropatkine transmettait aux troupes du flanc gauche russe les remerciements de l'Empereur pour l'énergique résistance qu'elles soutenaient depuis dix jours.

Devant Kaoutouling et Kandolisan mêmes attaques

japonaises et mêmes insuccès. Pendant la nuit la Garde Japonaise attaqua par 5 fois les positions russes, mais ses efforts acharnés se brisèrent contre l'énergique résistance du Corps de Zassoulitch (IIe Corps sibériens).

En face de la colline Poutilov, les Japonais ouvrirent le feu à 7 h. du matin et commencèrent l'attaque des premiers retranchements de la colline à 10 heures, en colonnes profondes ; mais, accueillis par deux compagnies de tirailleurs et les shrapnels russes, ils furent repoussés. Une deuxième attaque eut lieu vers midi et une troisième dans l'après-midi sans plus de succès.

Les Japonais furent également repoussés devant Chahopou, malgré une préparation par l'Artillerie commencée dès le matin.

Ainsi, le 2 au soir, malgré de lourds sacrifices, les Japonais se trouvaient arrêtés sur tout le front à l'Est et au centre. — Par contre l'orage grossissait dans l'Ouest; dès le matin le combat de ce côté s'étendait loin en arrière de l'extrême-flanc droit des Russes qui était complètement tourné par le général Nogi.

Pour se conformer au mouvement du IIIe Corps, le Général Oku dut faire de gros sacrifices pour briser la résistance acharnée des Russes à Tchantan sur le Hounho : La 8ème division put y pénétrer le 2 Mars et gagner un peu de terrain en avant. Elle fut toutefois arrêtée par une vigoureuse contre-attaque russe qui permit aux défenseurs de se replier tranquillement.

Pendant ce temps, les Japonais entrés à Sin-min-ting repoussaient les reconnaissances russes, et s'emparaient dans la Gare des wagons de marchandises chargés pour les Russes à destination de Moukden. — 4 Divisions japonaises (1e, 7. 9e et 8e) s'avançaient au Sud-Est de Sin-Min-ting, entre le Liao et le Houn-Ho refoulant les faibles avant-postes russes. — A midi, les têtes de colonnes atteignaient Salinpou, à 18 Kilom. à l'Ouest de Moukden

Les Russes envoyèrent en hâte quelques troupes de ce côté et un combat acharné s'y engagea qui dura toute l'après-midi, occasionnant des pertes considérables de part et d'autre. — La nuit vint sans que les Japonais pussent faire de nouveaux progrès.

3 Mars — Toute la journée du 3, des combats furent livrés aux environs de Koudiaza ; les Russes y conservèrent leurs positions.

Près de Matsioudan, ils furent attaqués successivement à 9 h. du matin, à 3 h. à 5 h. et à 7 heures du soir, cette dernière attaque étant la plus violente. — Les Japonais furent constamment repoussés avec des pertes importantes.

Au centre, à Kavoutouling, les Japonais échouèrent dans toutes leurs tentatives. — Ce fut en cet endroit qu'ils se servirent ce jour-là de l'uniforme du régiment russe de Tchembor.

Le même jour la garde japonaise se porta à l'assaut des positions de Kandolisan et de Yansitoun et fut repoussé avec de grandes pertes. Plus loin, à la colline Poutilov, une attaque japonaise échoua vers 11 heures du soir.

Devant Chahopou, il n'y eut dans le courant de la journée qu'un échange de feux d'artillerie, mais le soir les Japonais prononcèrent une attaque énergique contre Chahopou ; ils parvinrent jusqu'aux réseaux de fils de fer et se mirent à lancer des grenades à main mais furent obligés de se replier finalement devant la résistance obstinée des Russes.

Par contre, le village de Linchinpou fut emporté. (On se rappelle que, depuis la fin de la bataille du Chaho, ce village était occupé par moitié par les Russes et les Japonais).

Dans la région du Houn-ho, les Russes se trouvaient de plus en plus en pointe par suite des progrès des Japonais à l'Ouest de Moukden. — Après avoir évacué Tchantan ils reculèrent sur Matouian et Souhoudiapou pour rectifier leur position générale. — Les Japonais les suivirent en remontant le Houn-ho et, dans la nuit du 3 au 4, donnèrent l'assaut à Souhoudiapou défendu par le 16e corps russe. Le village fut pris et repris plusieurs fois mais resta finalement aux mains des Japonais qui purent ainsi mettre en liaison leur centre avec leur gauche[1]

---

(1) Les Russes évacuèrent Souhoudiapou par ordre comme on le verra plus loin

À l'Ouest de Moukden, la situation s'aggravait d'heure en heure pour les Russes. — Kaulbars exécuta ce jour-là un grand changement de front, face à l'Ouest, car il n'était plus permis de se faire illusion sur l'importance du mouvement de l'ennemi de ce côté.

Dès l'aube un combat acharné repit aux environs de Meomienza et de Salinpou; il débuta par un violent combat d'artillerie, jusqu'à 10 h. du matin; les batteries russes, bien masquées, infligèrent de grosses pertes à l'ennemi qui fut longtemps avant de pouvoir régler son tir. —

L'action comprit toute une série d'attaques et de contre-attaques, violentes et obstinées, menées souvent jusqu'au choc à la baïonnette, sans qu'il y eut de succès marqué d'aucun côté.

Plus au nord, les reconnaissances russes et japonaises se heurtèrent à Laobian, mais l'arrivée de grosses forces japonaises qui démasquèrent 30 canons obligea les Russes à se replier. — Le petit détachement russe de Laobian se retira vers Tiéling, menaçant ainsi de flanc les colonnes japonaises qui s'avançaient sur Tachitsao.

Dans la nuit du 3 au 4, la ligne de contact entre les deux adversaires passait donc toujours par Koudiaza, Kaoutouling, colline Poutilov, Chahopou et Salinpou. — À cette date le flanc gauche russe avait consolidé ses positions et aurait même pu commencer une contre-offensive; mais un tel mouvement aurait eu pour résultat d'éloigner de Moukden les troupes de Liniévitch alors que Kouropatkine manquait de réserves pour envoyer à l'Ouest de Moukden. — Il n'en fut même pas question.

4 Mars — Dans l'Est, la journée du 4 Mars fut relativement tranquille. Le détachement russe de Koudiaza fit même une attaque partielle qui lui permit d'occuper de nouvelles positions.

A Oubeniupoutza il n'y eut que des tirailleries sans importance. Le général Danilov (IIIe corps de Sibérie – 6e Division) se porta en avant à 7 h. du soir et s'empara de quelques tranchées japonaises.

La position de Kaoutouling fut attaquée de nouveau par les Japonais à 11 h. du soir, mais inutilement.

Au centre, à Kandalisan, à Yansintoun, à la colline Poutilov, à Chakopou, toutes les attaques des Japonais se brisèrent contre la résistance des Russes. – A Kandolisan en particulier, ceux-ci repoussèrent 13 assauts de leurs adversaires. — La nuit suivante, des attaques furent reprises contre la colline Poutilov, mais une contre attaque des Russes fit replier les Japonais qui perdirent 2 mitrailleuses. — Le soir, le général Zassoulitch rendit compte que la Garde japonaise s'était complètement brisée contre les troupes du IIe corps de Sibérie. — Un bataillon de la Garde japonaise, entouré par les tirailleurs sibériens, refusa de se rendre et fut fusillé.

Entre le Chaho et le Houn-Ho, les Japonais s'emparèrent de Lanchanpou (Nord-Ouest de Linchinpou, non marqué sur le croquis) après un combat acharné.

Dans la vallée du Houn-ho, les Russes avaient évacué Souhoudiapou la veille pour rectifier leur position et reporter leurs forces à l'Ouest de Moukden, sur la rive droite du Houn-ho. – Il y eut de ce côté quelque désordre dans le Commandement; à peine Souhoudiapou était-il abandonné que le Général en chef fit demander pourquoi on avait évacué ce point important, bien fortifié, et où avait été constitué un important dépôt d'Artillerie et d'approvisionnements. – Ordre fut donné de le reprendre et des mesures en conséquence; finalement cette opération difficile fut abandonnée vers le soir.

A l'Ouest de Moukden, les Japonais s'avancèrent ce jour là par la route de Sinminting jusqu'à Tachitsao.

5 Mars – A l'Est les Japonais attaquèrent avec acharnement dans la région de Koudiaza et d'Oubeniapoutza.

A l'extrême gauche russe, un petit détachement eut un engagement heureux à 10 km. à l'Est de Koudiaza, battant complètement un escadron et une compagnie japonaise.

A Koudiaza, le Général Danilov repoussa

ce jour là 19 attaques successives des Japonais, puis prit lui-même l'offensive, gagnant un peu de terrain.

La lutte fut extrêmement acharnée près d'Oubeniapoutza. Les Japonais ouvrirent le feu vers 10 h. du matin contre la position du Général Lioubavin (Commandant la 2ème brigade de la division Rennenkampf) et passèrent à l'attaque à 11 heures. — Ils avançaient en colonnes épaisses, négligeant les pertes infligées par l'artillerie russe qui avait ouvert sur eux un feu rapide. —

Finalement repoussés, ils recommencèrent l'attaque vers le flanc droit de Lioubavin, mais celui-ci résista victorieusement et fit reculer les assaillants. On vit alors les batteries japonaises tirer sur leurs propres troupes qui se retiraient, les obligeant ainsi à se reporter en avant; mais, prises sous les feux croisés des Russes, elles se retirèrent en courant sur leurs positions initiales.

De nouvelles attaques tentées vers minuit furent également repoussées.

La position de Kaoutouling ne fut pas attaquée le 5 Mars; on remarqua même en ce point un mouvement de retrait vers le sud de certaines unités de l'ennemi.

Les éclaireurs russes suivirent le mouvement et trouvèrent devant le centre de la position 2.000 cadavres japonais (dont 300 officiers qu'ils enterrèrent.)

Vers Kandolisan, les Japonais n'engagèrent non plus aucun combat sérieux ce jour là.

Par contre, dans les environs de Chahopou, ils firent des efforts répétés pour essayer de percer entre les corps russes, mais fauchés par le feu de 80 pièces de canon, ils firent d'énormes pertes sans réussir dans leurs tentatives. Ils échouèrent également devant la colline Poutilov. — Les Russes, au cours d'une contre-attaque, s'emparèrent de 3 mitrailleuses. — Dans la nuit, vers 3 h. du matin les Japonais firent en vain une nouvelle attaque contre la colline Poutilov; une sortie russe enleva 200 prisonniers.

A l'Ouest de Moukden commença le 5 Mars la riposte russe contre l'attaque de Nogi. — Le 1er corps sibérien, après ses longues marches et contremarches, était finalement parvenu à Moukden; Kouropatkine disposait en outre des 10e, 16e et 17e corps européens. — Avec cette masse il fut d'abord question de prononcer une puissante attaque le long du Houn-ho, de manière à percer le front japonais entre Oku et Nogi, et de couper ce dernier du reste des forces d'Oyama. — Cette manœuvre exécutée avec rapidité et énergie, aurait pu donner des résultats décisifs; mais, à peine conçue, elle fut aussitôt abandonnée pour un autre plan; on voulut alors repousser l'ennemi à l'Ouest, au-delà de l'ancien remblais du chemin de fer, en le débordant par le Nord.

Dans ce but, 5 colonnes russes furent organisées.
1° au Nord, colonne du colonel d'Etat-Major Zapolski, composée d'un régiment du 1er Corps et d'un

régiment du 16e corps —. Elle devait contourner les tombes impériales par l'Est et se diriger par Santaitze sur Padiaza (voir croquis N°4).

- 2° à gauche de la précédente, la colonne du général Major Witte (17e Corps) qui devait marcher sur Tahentoun et au sud de Padiaza.

- 3° au centre, l'importante colonne du Général Gerngross (1er Corps sibérien), forte de 49 bataillons et de 115 canons, qui, par Houha et Siaohentoun, devait porter le coup principal, enlever Tachitsao et déborder l'aile gauche de Nogi.

- 4° plus au Sud, la colonne des Généraux Topornin et Kutnevitch (16e Corps et Tirailleurs), qui devait se porter sur Tavan et au-delà. Elle était forte de 16 bataillons et 48 pièces.

5° A gauche du dispositif, la colonne du Général Tserpitski (10ème Corps), forte de 34 bataillons, 88 canons et 12 mortiers.

Enfin la réserve générale, sous les ordres du Général Major Ganenfeld, comprenait 8 bataillons et devait attendre au village de Lougountoun.

L'attaque russe devait se produire par la droite; le Général Gerngross avait ordre de se tenir rassemblé le 5 Mars à 8 heures du matin sur la ligne Siaohentoun-Houha puis d'attaquer le flanc gauche japonais.

Le Général Topornin devait attendre pour se porter en avant que l'influence des colonnes de droite se fit sentir.

Quant au Général Tserpitski, il devait avant tout conserver solidement ses positions autour de Madiapou, puis prendre l'offensive en même temps que Topornin, afin de s'emparer de l'ancien remblai de la voie ferrée depuis le Houn-ho jusqu'à Houdiaza. — Il avait sous ses ordres : à sa droite le général Roussanov, au centre le Général Herschelmann, à gauche sur la rive sud du Houn-ho, le Colonel Muller tandis que sa réserve particulière, sous les ordres du Général Tchourin, était placée à Tsaapou.

Tel était l'ensemble du dispositif russe à l'Ouest de Moukden — Il comprenait un total de 120 bataillons et 450 pièces de canon. — C'est avec ces éléments et et dans cette formation que l'offensive russe devait se produire le 5 Mars. — Le Général Kaulbars, stationnait près des tombes impériales et à Houha était en communication téléphonique avec le général en chef et avec ses commandants de corps d'Armée.

Le matin du 5, le temps était splendide. Conformément aux dispositions arrêtées l'attaque de Russes commença par la droite ; mais, au moment où Gerngross commençait à aborder les positions de l'ennemi près de Tachitsa, les Japonais entreprirent toute une série d'attaques furieuses contre la gauche de Tserpitski, notamment à Madiapou et à Eltaitze. — A Madiapou le 33e régiment russe repoussait déjà deux assauts avant 8 heures du matin la lutte se poursuivit tout le jour avec acharnement; à Eltaitse, les Russes avaient repoussé 7 attaques à 7h du soir. — Tserpitski put resister à toutes les attaques mais en faisant une resistance désespérée et coûteuse qui l'obligea à demander des renforts.

On ne pouvait laisser prendre Madiapou par les Japonais qui auraient ainsi créé une fissure entre les IIe et IIIe Armées russes et pénétré sur les derrières de Bilderling, coupant celui-ci de Moukden.

On envoya donc à Tserpitski les 8 bataillons de réserve générale de Lougountoun puis une brigade de la colonne Gerngross. — Il en résulta un affaiblissement notable de la droite russe qui entraîna l'échec du plan général de Kaulbars. — Gerngross qui devait porter le coup principal, ne put faire que de lents progrès et les autres, qui attendaient son succès pour marcher ne bougèrent pas.

En définitive, les Russes, au lieu de prendre l'offensive le 5 Mars, durent se borner à garder leurs positions.

6 Mars — A l'Est, les Japonais reprirent par 3 fois leurs attaques aux environs d'Oubeniapoutza. — Dès l'aube, après une préparation par l'artillerie, leur infanterie se porta à l'assaut mais fut repoussée avec de grosses pertes. — A 2h. de l'après-midi, après avoir reçu des renforts, les Japonais reprirent leur attaque, mais furent ramenés à la baïonnette. — A 3h. eut lieu un nouvel assaut désespéré que les Russes repoussèrent avec la même énergie. —

Rennenkampf ayant alors reçu quelques renforts prit à son tour l'offensive, réoccupa les anciennes positions russes et s'empara de deux mitrailleuses qui furent retournées contre l'ennemi.

Kaoutouling ne fut pas inquiété ce jour-là. A Kandolisars plusieurs tentatives japonaises furent repoussées.

Au centre, dans la région où Chaho, la journée fut assez tranquille. — La station de Souyatoun fut incendiée par l'artillerie japonaise.

A l'Ouest continuait à se jouer la partie principale de la bataille de Moukden. — Le Général Kaulbars, monté dans la tour de Houka, donnait ses ordres pour reprendre l'offensive manquée la veille. — Les dispositions du 5 étaient un peu modifiées; Zapolski marchait par Santaitse sur Tachitsao; il devait ensuite s'avancer sur la route de Sin-min-ting et servir de couverture contre des tentatives possibles sur le flanc droit des colonnes d'attaque. Gerngross, constituant toujours la masse principale, devait obliquer vers le sud en marchant, et se diriger vers Yansnitoun. — Topornin passait en réserve générale avec ses 6 régiments. — Tserpitski devait marcher droit devant lui et franchir le remblai de l'ancienne voie ferrée. — Le détachement Herschelmann avait ordre comme précédemment de défendre Madiapou.

Le point de départ indispensable pour la réussite de cette manœuvre était l'enlèvement de Tachitsao. – Mais ce point était devenu le centre de la résistance japonaise; rapidement mis en état de défense il était difficile à emporter. Aussi tous les efforts de Zapolski vinrent-ils se briser contre ce village, malgré d'importants renforts détachés de la colonne Gerngross; l'artillerie russe, très efficace contre le personnel, n'avait aucune action contre ces remparts d'argile; Tachitsao ne fut pas pris et cette circonstance paralysa la marche de Gerngross qui ne s'avança que jusqu'à hauteur de Kiousintoun. Par contre coup Tserpitski se trouva rivé à ses positions de sorte que, le 6 Mars encore, l'offensive russe avorta.

Dès le matin, les Japonais ouvrirent un violent feu d'artillerie sur Fougoutoun, Satoza et Madiapou, dont l'intensité augmenta jusqu'à 2 h. de l'après-midi; à Madiapou ils tiraient avec des projectiles à lyddite de fort calibre. – Après cette préparation, ils livrèrent des assauts furieux sur tout le front de Tserpitski notamment à Fougoutoun où ils essayaient de percer le dispositif russe. – Les Russes résistèrent à toutes les attaques, mais en amenant des réserves et en faisant des pertes sérieuses. – A la fin de la journée les deux adversaires couchaient sur leurs positions.

Le 6 au soir, se termine la deuxième période de la bataille de Moukden. – Depuis le 1er Mars, les Japonais étaient complètement arrêtés à l'Est et au centre. – depuis le 4 Mars, ils étaient également tenus en échec à l'ouest de Moukden. – Le résultat restait donc indécis; la victoire définitive était une question de moral et de résistance nerveuse. – Oyama avait promis à ses troupes d'entrer à Moukden le 10; du côté russe, Linievitch était prêt à se porter en avant; mais Kouropatkine hésitait. – La lutte à l'Ouest de Moukden le 7 Mars, ayant abouti à un léger retrait des Russes, devait entraîner la retraite définitive; c'est donc avec la journée du 7 que commença la 3ème phase de cette bataille, celle de la retraite russe.

V – Période du 7 au 10 Mars.[1] – La défaite des Russes et la prise de Moukden

7 Mars. — A 4 heures ½ du matin, les Japonais exécutèrent avec un acharnement étonnant un nouvel assaut sur la principale position de Oubeniapoutza. – Après avoir gagné un peu de terrain, ils furent refoulés à leur tour par les Russes qui leur prirent 3 mitrailleuses.

Les Japonais furent repoussés également dans la zone de Kandolisan qu'ils attaquèrent pendant

(1) Pour cette période, consulter les croquis N° 2, 3 et 4.

toute la nuit du 6 au 7.

Au centre le Général Bilderling repoussait aussi toutes les attaques contre la colline Poutilov.

La situation restait donc stationnaire au centre et à l'Est comme pendant toute la semaine précédente; les événements décisifs allaient se produire à l'Ouest de Moukden.

Il avait été décidé la veille que le Général Gerngross (1er Corps sibérien) s'emparerait de Tachitsao; mais des luttes furieuses s'engagèrent de bonne heure dans la région défendue par Tserpitski, à Oulimpou, à Yansemtoun, à Youantoun (voir le croquis No 4). Dès 2h. du matin les Japonais canonnèrent vivement Youantoun et lui donnèrent l'assaut vers 3 heures, en colonnes denses, sans tirer un coup de fusil; à 4 heures ils pénétrèrent dans la partie sud du village. — De ce fait la situation était devenue extrêmement critique; Youantoun n'était qu'à 7 kilom. de Moukden et la moindre percée des Japonais aurait entraîné une débâcle générale. — Le Général Kaulbars prescrivit alors d'abandonner l'opération sur Tachitsao et de concentrer tous les efforts sur Youantoun pour en chasser l'ennemi.

Le Régiment d'Ostrovo (No 100 - 16me corps - 25e Division) qui occupait le village n'avait ni mangé ni dormi; il n'avait pas quitté le feu depuis 8 jours attaqué par des forces japonaises supérieures et soutenu trop tard par le régiment d'Ivangorod (n° 99), il s'était replié en arrière. – De Nioucenitoun, le Général Koudratovitch commandant la 9ème Division envoya 2 bataillons pour soutenir les défenseurs en retraite de Youantoun tandis que des renforts arrivaient de Moukden. – Une série de corps à corps acharnés se produisirent alors pour la possession du village qui finalement resta aux mains des Russes vers 10 h. du matin. – Dans le courant de la journée de nouvelles forces japonaises appuyées par 200 canons renouvelèrent les attaques d'heure en heure, mais elles furent repoussées avec des pertes telles qu'en plusieurs endroits les Russes firent des remparts avec les cadavres japonais recouverts de terre.

L'ennemi fut donc contenu avec succès dans la région de Youantoun; mais du côté de Tachitsao les choses prirent une tournure plus grave. – Le feu avait pris une intensité extrême dans cette région; pour reprendre d'assaut les villages occupés par les Japonais, les tirailleurs de la 1ère Division de Sibérie orientale (Général Gerngross) se portèrent plusieurs fois musique en tête dans la fournaise. se présentant à découvert en formations denses, ils firent des pertes terribles et, peu à peu, les Russes durent céder du terrain devant l'arrivée de renforts japonais considérables, tandis que, plus au nord, des détachements ennemis continuaient à progresser dans la direction du chemin de fer.[1]

Déjà les canons japonais pouvaient atteindre la voie ferrée au Nord de Moukden. — Cette progression de l'ennemi vers la ligne de communication russe, se poursuivant malgré les formidables coups portés à Youantoun et à Tachitsao ébranla la confiance du Généralissime russe dans la possibilité de résister sur place. — Les troupes étaient exténuées; leur moral faiblissait; Kouropatkine jugea la situation intenable et il prit les premières mesures en vue d'une retraite sur Tiéling. — Dans la soirée du 7 Mars, il constitua un fort détachement mixte dont il donna le commandement au Général de cavalerie Von der Launitz, avec mission de déborder par le Nord la colonne tournante japonaise et de dégager ainsi Moukden à tout prix. — En même temps des ordres étaient donnés pour l'évacuation de l'Artillerie de siège et des blessés vers l'arrière; le quartier Général de Kouropatkine fut transféré à Tiéling. — Ces premiers mouvements de retraite donnaient à tous une mauvaise impression sur l'issue de la lutte (Le Général Liniévitch aurait déclaré depuis que s'il avait eu à ce moment le commandement en chef il n'aurait pas pris ces mesures.)

---

(1) C'est le 7 Mars que rejoignit un détachement russe monté qui était allé à Liao-Yang et qui put percer sans pertes les lignes japonaises en ramenant des prisonniers.

Enfin, dans l'après-midi du 7, ordre fut donné aux 1ère et 3ème armées, immobiles depuis 8 jours sur leurs positions, de se replier sur le Houn-ho, dans la région Moukden-Fouchoun. Peut-être Kouropatkine espérait-il ainsi, en diminuant l'étendue de son front de combat, pouvoir rapprocher ses réserves et rétablir les affaires du N.O. de Moukden.

Le mouvement général de repli commença le soir même et fut remarqué des Japonais. Il s'exécuta en bon ordre; les Russes détruisirent leurs magasins en les incendiant.

8 Mars.

La journée du 7 Mars avait eu une influence décisive sur le développement de la bataille de Moukden. A partir du 8 les événements se précipitèrent.

A l'Est, la 1ère armée avec ses détachements d'aile (Rennenkampf, Danilov) exécuta lentement son mouvement de retraite, d'une manière ordonnée et méthodique, ayant toute l'apparence d'un recul volontaire.

Au Centre, le retrait se fit plus rapidement et sur une plus longue distance (voir le croquis N°3). On abandonna toutes ces positions demeurées inviotable : Kaoutouling, Quanfouling, Yansnitoum, colline Poutilov, Chahopou, etc... —, témoins d'une résistance qui ne peut être brisée.

La ligne russe recula d'un seul coup jusqu'au Houn-ho, sans que la journée fût marquée par un engagement. — Partout les Russes mirent le feu aux dépôts qu'ils ne purent évacuer.

Kuroki se mit en marche à leur suite vers minuit et Nodzu à 2 heures du matin.

À l'Ouest de Moukden la lutte reprit avec une extrême vivacité. Trois violents engagements se produisirent à Oulimpou entre les troupes du Général Oku et des forces russes supérieures ; les Japonais subirent d'énormes pertes dans ce secteur.

Devant Youantoum, l'action se borna à un tir continu de l'artillerie de siège japonaise.

Un peu plus au nord, à Niousnitoum, une forte attaque japonaise commencée dès le matin fut finalement repoussée dans le courant de la journée.

Près de la route de Sin-min-ting les Russes furent refoulés sur Tindziatoum où ils s'arrêtèrent, soutenus par le renfort des tirailleurs de la 1ère Division du Ier corps de Sibérie.

La région au Nord de la route de Sin-min-ting était devenue la plus intéressante, de ce côté ; l'attaque japonaise continua à se développer avec une extrême énergie.

Dans la nuit du 7 au 8 mars, les Japonais parvinrent à pénétrer jusqu'au talus de la voie ferrée à 10 kilom. au Nord de Moukden : repoussés avant d'avoir eu le temps de la dégrader sérieusement, ils l'atteignirent une seconde fois dans la matinée du 8. Les Russes les chassèrent à nouveau, réparèrent la voie et rétablirent la circulation des trains vers 5 heures du matin.

Le 8, de grands mouvements japonais furent signalés vers le Nord et le Nord-Ouest de Moukden.

Dès le matin, un assaut général fut prononcé contre les positions russes de Siaokhentoun, Tchentoun, Santaïtze, Oungentoun (voir croquis N° 4).

L'action s'engagea d'abord contre le petit poste russe qui occupait Tadiaza ; malgré son héroïque résistance contre des forces supérieures, il fut obligé vers midi d'abandonner le village ; son chef le Colonel Zapolski fut tué par un obus.

L'attaque se généralisa ensuite et tandis que des démonstrations vigoureuses étaient entretenues devant les villages occupés par les Russes, les Japonais poussaient d'épaisses colonnes vers le Nord. — Leurs projectiles d'artillerie atteignaient la voie ferrée et coupaient les fils télégraphiques que des volontaires réparaient en grimpant aux poteaux sous le feu de l'ennemi.

Le combat, énergiquement soutenu par la

1ère Division de tirailleurs de Sibérie (Ier corps sibérien) cessa vers 8 heures du soir. A la nuit il y eut une espèce d'accalmie; les Japonais cessèrent leur mouvement vers la voie ferrée et replièrent un peu leur extrême flanc gauche - D'ailleurs dès le courant de l'après-midi, les aérostiers russes signalaient une certaine quantité de voitures japonaises se retirant vers le sud-ouest.

Somme toute, cette journée du 8, tout en marquant un recul général, ne compromettait pas encore la situation de Kouropatkine. Les Japonais avaient bien pu atteindre la voie ferrée au nord de Moukden, mais là tous leurs assauts avaient été brisés; en 3 jours ils n'avaient pu progresser que de 5 kilom. malgré des efforts très onéreux. - Partout ailleurs les Russes se repliaient par ordre, lentement et sans être sérieusement inquiétés; le rapprochement des 1re et 3me armées allait permettre de renforcer le flanc droit: on pouvait donc encore espérer - Ce fut la journée du 9 qui acheva de tout compromettre.

9 Mars - Ce jour fut marqué par un violent ouragan soulevant d'immenses nuages de poussières qui obscurcissaient le soleil et qui empêchaient de distinguer les objets à distance; on ne pouvait apercevoir un homme à 100 pas; il fallait -

s'orienter à la boussole ; un vent glacé faisait pénétrer la poussière partout, dans les yeux dans le nez et les oreilles ; les hommes étaient obligés de tourner le dos au vent pour pouvoir respirer librement. — L'artillerie ne voyant rien, était réduite à l'impuissance

Dans l'Est à 3 heures du matin, les Russes évacuèrent la position de Tita défendue si longtemps (voir croquis N° 3).

Au Centre, Kuroki et Nodzu atteignirent le Houn-ho à l'aube ; Nodzu tenta vainement de prendre pied sur la rive nord. — Un combat d'Artillerie s'engagea de bonne heure à hauteur de Foulin et du pont, mais la tempête de sable devint telle qu'elle obligea bientôt les combattants à cesser leur feu — Ce fut dans cette région, à Kioucan, que grace au désordre causé par l'ouragan de sable, les troupes de Kouroki réussirent dans l'après-midi du 9 à faire passer un détachement de cavalerie et d'artillerie au-delà du Houn-ho. — Ce détachement, poussant rapidement vers le Nord entre la 1re armée et les deux autres, fut la cause immédiate du désastre russe ainsi qu'on le verra plus loin.

A l'Ouest, pendant la nuit du 8 au 9, de nouvelles attaques japonaises au Nord de Moukden furent repoussées. — Dans la zone de Santaïtse (voir croquis N° 4), l'assaut commença vers 3 h. du matin. Le régiment de Zaraïsk (140e Régiment – 35e Division du 17e corps) laissant approcher les assaillants à 200 pas, les accueillit alors par un feu terrible. Les Japonais firent des pertes énormes, ils s'abritaient derrière des monceaux de cadavres des leurs — Vers 8 h. du matin ils se retirèrent.

Un peu plus tard ils revinrent à l'attaque de la ligne Santaïtse – Oungentoun (voir croquis N° 4) et franchirent par petites fractions la voie ferrée, coupant pendant quelques heures les communications télégraphiques. — Les Russes purent conserver Oungentoun avec beaucoup de peine; mais Santaïtse fut pris et de là l'ennemi marcha sur les tombes impériales.

A ce moment, pour se dégager de ce dangereux mouvement enveloppant de l'ennemi, Kouropatkine dirigea en personne une violente contreattaque avec les troupes qu'il avait pu rassembler. — Les Japonais furent refoulés de la voie ferrée et Kouropatkine rentra dans Santaïse où il prit deux mitrailleuses et de nombreux prisonniers.(1)

(1) Au cours de cette lutte, des Chinois armés de fusils japonais et montés sur les toits de leurs maisons avaient fait le coup de feu contre les Russes.

Des combats assez confus continuèrent dans cette région jusqu'à 10 heures du soir, laissant quelques avantages aux Russes ; mais vers le soir une nouvelle désastreuse parvint au Généralissime : Les Japonais de Kuroki avaient réussi à percer le centre du dispositif russe vers Kiousan et avaient poussé énergiquement en avant de la cavalerie et de l'artillerie sur les derrières des 2ème et 3ème armées. — Quelle que fut la cause de cet incident imprévu, impéritie des défenseurs ou tempête de sable, les conséquences en furent immédiates et lamentables ; Les Russes, canonnés de l'Est et de l'Ouest au Nord de Moukden, ne pouvaient absolument plus s'attarder dans une situation aussi périlleuse. La retraite immédiate sur Tiéling fut ordonnée aussitôt (1)

10 Mars – Peu après 9 heures du soir le 9 Mars, parvint l'ordre d'évacuer complètement la gare et la ville de Moukden. L'expédition des trains devait être terminée avant 5 heures du matin.

Ce travail colossal fut exécuté en 9 heures. – On transporta avant tout les blessés ; beaucoup étaient partis avant midi dans les trains de Kouropatkine, de Kaulbars, de Sakarov et de

(1) Toute la journée du 9, il y eut des ordres et des contreordres pour faire atteler ou dételer des trains en vue de la retraite vers le nord. Ce fut à midi que partit le train de Kouropatkine, suivi des autres trains de service.

Bilderling.

A 9 h. 40' partirent l'un après l'autre 8 trains; on demanda à Tiéling 13 locomotives.

A 3 heures du matin une rame d'autres trains partit vers le Nord, et, à 5 h. 55', partait la dernière rame.

Cette dernière comptait 16 trains de 52 à 55 wagons chacun.

3 trains emportaient les accessoires du matériel de parc d'Artillerie arrivé la veille.

1 train était chargé de linge
1 ——————— de charbon
1 ——————— du matériel de la Croix Rouge
1 ——————— du matériel de terrassement
3 ——————— de vivres.

Tous les autres étaient chargés de blessés à refus.

Le dernier emporta les employés et les archives de la station de Moukden.

En cette circonstance le personnel fut au-dessus de tout éloge.

Malgré toute l'activité déployée on dut laisser sur place, en les incendiant faute de pouvoir les emporter, des magasins de subsistances, des approvisionnements de toutes espèces, les cadeaux de Noël pour les troupes non encore distribués. etc....
Des millions de roubles disparurent ainsi en fumée.

Pendant ce temps la retraite générale des troupes

russes se poursuivait rapidement. – Elle s'effectuait dans la direction de Tiéling en deux groupes principaux, l'un partant de Moukden (2e et 3e armées), l'autre partant de Fouchoun (1re armée).

Dans l'Est les Japonais entrèrent à Fouchoun pendant la nuit, suivant les Russes qui se retiraient au nord de Fouchoun; ceux-ci firent halte dans des retranchements préparés de longue date et y retinrent les Japonais jusqu'au soir (1). – Cette ferme attitude permit de ce côté une retraite en bon ordre.

Du côté de Moukden, les tirailleries continuèrent toute la nuit du 9 au 10, sans gros engagement. A 7 h. du matin les Russes faisaient sauter le pont du Houn-ho, les Japonais pénétrèrent dans Moukden à 10 h. du matin.

A l'Ouest et au Nord-Ouest de Moukden se poursuivirent les derniers engagements importants. De ce côté, le Général von der Launitz avec son détachement faisait face à l'ennemi depuis la veille sur le front Houho-Tahentoun – Santaïtse.
Le Général Mylov, plus au Nord, avait pris le Commandement du détachement du colonel

---

(1) – Ces troupes russes étaient: la 6ème division du IIIe Corps Sibérien, la 71e Division de réserve d'infanterie, les 6e et 7e Régiments de la 2e Division de réserve (IVe Corps), les 10e, 11e et 12e Régiments de la 3e Division (IIIe Corps); le 14e Régiment de la 37e Division; le 85e Régiment de la 22e Division (1er Corps d'Europe et le Corps de Rennenkampf.

Barisov, renforcé de la division du Général Ortzmanov et des 6 bataillons du Général Herechelmann; en tout 25 bataillons, qui constituèrent l'arrière garde pendant la retraite.

Le Général Milov reçut l'ordre de contenir l'ennemi pendant l'écoulement des 2e et 3e armées au Nord de Moukden et de placer une brigade à Cava sur la route mandarine, afin d'empêcher les Japonais de prendre l'arrière-garde à dos. –
Sous la protection de cette arrière garde, les 2e et 3e armées exécutèrent leur retraite par la route mandarine tandis que la 1ère se retirait par la route de Fouchoun à Tiéling.

VI – La Retraite –

10 Mars — Amorcée ainsi qu'il est dit ci-dessus, la retraite commença en assez bon ordre, sur la voie ferrée, comme sur la route mandarine et dans les champs. Mais vers 11 heures du matin, apparut soudainement à l'Est de la route Mandarine un détachement d'artillerie japonaise qui se mit à canonner de l'Est les Russes en retraite, tandis que les troupes de Nogi les canonnaient de l'Ouest. – Ce détachement d'artillerie était celui qui, ayant percé le front russe à Kiousan (voir croquis N° 8) avait rapidement remonté vers le nord entre les deux masses russes de Liniévitch et de Kouropatkine. –

Il était de très minime importance et dut bientôt cesser le feu faute de munitions ; mais l'effet moral de son apparition fut énorme et détermina une débâcle générale.

La retraite vers le Nord était très difficile, manquant de débouchés, et commencée trop tard. Les immenses trains de l'Armée de Mandchourie ne pouvaient suivre tous la route mandarine et durent prendre à travers champs ; mais, dans la plaine entre Moukden et Tiéling existent de nombreux ruisseaux à bords raides, constituant des coupures transversales devant lesquelles les voitures devaient s'arrêter pour attendre leur tour de passage aux points de franchissement, d'où de grands retards et du désordre. — Lorsque, aux étranglements de Tawa et de Pouho (voir croquis N°3) les batteries japonaises purent croiser leurs feux au-dessus de cette masse confuse, il se produisit une immense panique, un sauve qui peut général. Un correspondant de journal évaluait à plus de 100.000 h. la cohue qui sans armes, sans chefs, sans lien aucun remontait pêle-mêle vers le nord dans un effroyable désordre. — Bien des corps disloqués se séparèrent en petits groupes isolés qui errèrent dans la montagne puis rejoignirent peu à peu le gros de l'armée les jours suivants ; mais la plupart de ceux qui s'attardèrent en arrière furent pris par les Japonais.

qui enlevèrent ainsi un nombre énorme de prisonniers.

Il faut remarquer que ce fut surtout parmi les trains que se produisit le plus de désordre, tandis que le flot de voitures suivait la route mandarine et ses abords, les troupes marchaient sur les côtés à travers champs et les flancs-gardes contenaient à droite et à gauche les faibles détachements ennemis qui avaient pu percer jusque là. — Plus on se rapprochait de l'ennemi, meilleure était l'attitude des troupes ; l'arrière-garde en particulier, commandée par le Général Meylov fit preuve d'un dévouement et d'une énergie remarquables. — Il était nécessaire qu'elle tint à tout prix, jusqu'à ce que toutes les troupes l'eussent dépassée.

Ainsi qu'on l'a vu précédemment, le général Meylov n'avait à sa disposition que 25 bataillons déjà fort éclaircis ; avec ces faibles forces il se maintint contre la poussée des Japonais, soutenus dans la journée par quelques bataillons qu'avait pu réunir le chef d'Etat-Major Général Martson.

Lorsque toutes les troupes furent passées, l'arrière-garde russe quitta ses positions à la nuit et se replia le long de la voie ferrée, obligeant l'ennemi, par sa ferme attitude, à ne s'avancer qu'avec précaution.(1)

(1) - Parmi les troupes qui se distinguèrent en cette circonstance, il faut citer en première ligne le 1er Régt. de tirailleurs de Sibérie Orientale. - Son Colonel (Leck) ramena son régiment avec son drapeau n'ayant plus que 3 officiers et 150 hommes ; il en comptait 2000 avant la bataille. Ce régiment ramenait aussi la batterie qui lui avait été confiée.

Dans la soirée, la situation générale avait perdu pour les Russes de son extrême danger. A l'Est Liniévitch poursuivait méthodiquement sa retraite et, obliquant peu à peu vers la route mandarine, allait bientôt pouvoir constituer l'arrière-garde générale chargée de couvrir l'ensemble de l'Armée russe.

Du côté Ouest (2e et 3e Armée), Kouropatkine resté à l'arrière-garde s'arrêta dans la nuit du 10 au 11 sur une position voisine de la station d'Ouchitaï ; il n'y fut pas attaqué. — Les arrière-gardes russes se maintinrent à cette hauteur jusqu'à 7 h. du matin le 11 Mars, tandis que les têtes de colonne approchaient de Tiéling et y occupaient les positions préparées.(1)

11 Mars — Le 11 Mars la retraite continua.

A l'Est, les Japonais occupèrent Inpan et poursuivirent les Russes qui se retiraient, au nombre de 4.000 environ, par la route montagneuse de Kirin.

Sur la route mandarine et sur la voie ferrée, l'arrière garde russe prit position à hauteur de Pouho (sur la rive gauche d'un ruisseau de même nom), barrant le chemin aux Japonais, le Général Artamanov à droite (commandant la 54e Division du Ve Corps) et le général Herschelmann à

---

(1) Les Généraux Tserpitski et Meyendorff furent blessés au cours de cette journée.

gauche (Commandant la 9ème division du 10e corps).
Sans prévenir personne, le général Artamanov se replia au Nord à un moment donné ; le Général Herschelmann dut répartir ses forces de manière à occuper seul toute la position d'arrière-garde. —

Les Japonais n'attaquèrent pas ; ils remontèrent lentement vers le Nord, faisant prisonniers aux environs de Moukden de nombreux partis russes qui se rendaient la plupart sans résistance.

Dans le courant de la nuit, l'arrière-garde russe se reporta plus en arrière et fut relevée par d'autres troupes, après avoir combattu pendant 4 jours sans interruption (Le général Maylov, blessé par une chute de cheval, dut abandonner le rang).

12 Mars. — Les Russes sont désormais à 40 kilom. au Nord de Moukden, suivis par les Japonais dans toutes les directions. — Ceux-ci s'emparent de nombreuses voitures de munitions et d'approvisionnements près du chemin de fer à 24 km. au Nord de Moukden. — Il n'y eut pas d'engagement important ce jour-là.

13 Mars — L'arrière-garde russe s'arrêta le 13 sur une position, sur la rive nord du Fan-ho (voir croquis N°3). Les troupes de la 1re armée qui étaient arrivées occupèrent le côté gauche de la position, tandis que le général Maichtabenko, non encore

guéri de ses blessures, reprenait le commandement de son détachement et occupait le flanc droit.

14 Mars. — Combat de Tiéling.

Le 14 Mars, Kouropatkine prit le commandement de l'arrière-garde. Les Russes occupaient des positions préparées depuis longtemps et déployèrent un effectif de 2 divisions et 38 canons. — En avant de ces positions coulait le Fan-ho, presque aussi large que le Houn-ho à Moukden.

A Midi, les Japonais commencèrent l'attaque avec une puis avec deux brigades. — Ils n'exécutèrent pas de mouvement tournant, mais attaquèrent simultanément sur le front et sur les flancs. — Les Russes auraient pu et dû résister, mais ils se retirèrent vers le soir ayant perdu un millier d'hommes, tandis que les Japonais ne perdirent, d'après leurs rapports, que 700 hommes. — Le recul des Russes semble dû à une insuffisance de munitions.

Les 12, 13 et 14 Mars, il y avait eu à Tiéling une réorganisation générale de l'armée russe; les troupes arrivaient par paquets, les hommes se groupaient. Des poteaux indicateurs, dressés sur la place faisaient connaître les emplacements assignés aux trois armées. — Ce fut un très gros travail de reconstitution; l'habitude du Général en chef de former à tout propos des détachements contenant ses éléments de toute provenance avait abouti à une profonde dislocation des diverses unités ; certains régiments avaient été séparés en bataillons répartis dans des détachements différents ; le Général Sobolev dans un de ses rapports, constate que les troupes de son corps d'armée (6ème) ont été réparties entre les 1ère, 2ème et 3ème armées.

Comme toute l'ordre fut remis assez vite dans la masse des fuyards de Moukden ; le 14 au soir il n'y avait plus personne à Tiéling ; la gare était vide. La réorganisation continua les jours suivants pendant la retraite.

15 Mars – La résistance assez rude que les Japonais rencontrèrent au combat de Tiéling leur fit marquer un temps d'arrêt le 15. – Il n'y eut aucun engagement ce jour-là.

16 Mars – Dans la nuit du 15 au 16, à minuit 20' l'avant-garde japonaise entra dans Tiéling.

Dans la journée, les Japonais eurent un engagement contre un détachement russe d'une division et demie au Nord de Tiéling.

17 Mars – L'avant garde japonaise passa Chaotse le 17 Mars (voir le croquis N° 3).

18 Mars – Les Japonais entrèrent à Fakoumen le 18 Mars.

19 Mars — Les Japonais occupèrent Kaiyuan le 19 à 4 h. du matin. — Après une faible contre attaque, les Russes se retirèrent vers le Nord-Est. Ils détruisirent les ponts de la grande route et une partie de ceux du chemin de fer.

21 Mars — Les Japonais occupèrent Tsnitsciatoun, Tchantoufou, et atteignirent à Veiyouanfoumen la grande palissade de pieux.

——— Nous arrêtons là, la poursuite japonaise qui suivit la bataille de Moukden. — Cette poursuite se continua une trentaine de Km. plus loin ; mais les Japonais reculèrent ensuite sur les positions de Tsnitsciatoun, de Tchantoufou et de Veiyouanpoumen où ils s'arrêtèrent définitivement, ne pouvant continuer davantage vers le nord.

VII - Les pertes.

On ne peut donner que sous réserves les chiffres des pertes des deux belligérants à la bataille de Moukden, les chiffres officiels étant très incomplets et ceux provenant d'autres sources variant dans des proportions déconcertantes.

Pertes Russes — Dans un rapport officiel du Général

Trepov, les évacués entre le 28 Février et le 14 Mars furent :

Officiers : 1.379 blessés + 433 malades = 1812
Hommes : 56.723 " + 4965 " = 61.688
non transportables laissés à Moukden = 800
Total : 64.300

D'autre part, on a évalué à 46.000 les tués, blessés, disparus et prisonniers laissés en arrière. Le total de ces deux chiffres donnerait 110.000 hommes environ.

Le Colonel Goedke (allemand), par d'autres procédés, aboutit à la conclusion que le maximum des pertes russes fut de 109 000 hommes.

On peut donc estimer approximativement les pertes russes à 105 ou 110.000 hommes.

Comme matériel, les chiffres officiels de l'Invalide Russe sont de :

2 drapeaux, 27 canons à tir rapide, 3 canons à coin, 4 mortiers de campagne et un canon de 6 pouces. Ces pertes furent donc relativement minimes ; il faut par contre y ajouter une assez grande quantité de matériel (fusils, cartouches, obus, voitures, wagons, etc...).

En résumé les pertes russes à Moukden semblent avoir été beaucoup moins importantes que les télégrammes d'Extrême-Orient n'avaient pu le faire supposer tout d'abord.

Pertes japonaises - On n'a aucune base sérieuse pour l'évaluation des pertes japonaises, jusqu'à présent du moins.

D'après des informations basées sur les rapports des prisonniers japonais, on a publié les chiffres suivants :

12.355	tués
1.359	manquants
49.600	blessés grièvement
36.000	blessés légèrement
99.314	au total.

Plusieurs correspondants étrangers s'accordent pour fixer à environ 100.000 h. les pertes japonaises, alors qu'au Japon on n'en avoue que 51.000.

Le Colonel Goedke les estime entre 82.000 et 100.000.

En prenant la moyenne de ces diverses évaluations on arrive au chiffre de 80.000 à 90.000 h.

VIII - Observations sur la bataille de Moukden

1° - La manœuvre japonaise de Moukden, consistant à aborder de front et à déborder par les deux ailes une position de 150 kilom. de développement, hérissée d'ouvrages défensifs et défendue par des troupes supérieures en nombre, constituait une opération très hasardeuse, pouvant entraîner un désastre devant un adversaire énergique et manœuvrier. — La réussite ne peut être attribuée qu'à la complète passivité des Russes.

2°. A Moukden, comme dans les batailles précédentes, les Russes ignoraient tout de l'ennemi : dispositifs et effectifs ; au dire des prisonniers japonais, ils ne faisaient aucune reconnaissance. —

Comme agent d'information, la cavalerie russe paraît n'avoir joué qu'un rôle des plus restreints : elle avait d'ailleurs perdu en Michtchenko, blessé à Sandepou, l'un de ses chefs les plus actifs.

Les Japonais au contraire étaient admirablement renseignés. Ils avaient à Moukden un bureau de renseignements à la tête duquel était un colonel japonais. — On le découvrit et l'on trouva sur l'un des espions l'indication que les Russes devaient prendre l'offensive par leur droite le 25 Février, ce qui était exact. — Cette découverte contribua à faire contremander la manœuvre.

3°. Au début de la bataille, les Russes ne tinrent pas dans l'Est sur leurs positions d'avant-garde près de Tsinhotchen ; ils cédèrent de suite plus de 30 km. de terrain, pour s'arrêter seulement sur la ligne Kaoutouling, Matsioudan, Koudiaza

Il semble cependant qu'ils auraient pu résister, les forces assaillantes étant peu considérables. Si les positions primitives avaient été conservées de ce côté Kouropatkine eût gardé sa liberté de manœuvre à Moukden. C'est sans doute à cause de cela qu'il destitua de son commandement le général Alexeieff qui commandait le détachement de Tsinkotchen avant l'arrivée de Rennenkampf.

4°- Le long séjour de l'armée russe autour de Moukden eut l'inconvénient de faire dégénérer les opérations en guerre de positions, tendance qui n'était déjà que trop accusée auparavant dans cette armée.

5°. Kouropatkine fut d'autant plus facilement induit en erreur sur le côté de l'attaque décisive qu'il ignorait et cherchait ce qu'était devenue l'armée de Nogi, et que, apprenant la présence à l'Est de la 11ème division venant de Port-Arthur, il fut porté à en conclure que toute la 3ème armée Japonaise venait d'arriver de ce côté pour y porter le coup décisif par les montagnes ainsi que les Japonais l'avaient toujours fait.

6°- On peut remarquer, sur les croquis joints au texte, que les Japonais exécutèrent leur manœuvre décisive à l'Ouest de Moukden avec la moitié de leurs forces (7 divisions), grâce aux économies de personnel qu'ils surent faire ailleurs. Les Russes, par contre, répartirent leurs ressources d'une manière uniforme, même dans les secteurs infranchissables naturellement et se firent écraser au point décisif.

7°- L'armée de Kaulbars dut changer brusquement de front le 3 Mars pour faire face à l'Ouest. Ce mouvement trop rapide s'exécuta mal, il y eut du désordre, des unités perdues séparées de leur corps, il fallut un temps assez long pour rétablir l'ordre et la 2ème armée resta pendant deux jours à peu près inactive. Pendant ce temps, les Japonais avançaient rapidement et purent s'emparer de Tachitsao avant les Russes, sur leur axe de marche

8°- Le secteur à l'Ouest de Moukden n'avait pas été fortifié comme ceux du Sud; on l'aurait renforcé si l'on avait eu l'intention de rester sur la défensive de ce côté, mais cette défensive fut une attitude imposée après coup. — Les Russes tirèrent donc de la situation tout le mauvais parti possible.

9°- Les Russes avaient des trains immenses, beaucoup trop lourds pour que l'armée pût être

vraiment manœuvrière. Pour les 26 Divisions russes près de Moukden, il y avait :
8000 voitures pour les trains de combat régimentaires
6.000 voitures de trains divisionnaires.
1.000 voitures pour les États-Majors des corps d'armée,
ce qui faisait déjà 15.000 voitures sans compter celles de la cavalerie, de l'artillerie, etc...

10°- Puisque les Russes voulaient prendre l'offensive le 25 février par leur droite, on peut s'étonner qu'ils n'aient entrepris aucune démonstration dès le 20 par le centre ou par leur gauche —

La date du déclanchement, d'abord fixée au 23, fut reportée au 25. On renonça à ce mouvement par suite de l'offensive japonaise contre le flanc gauche russe. Dès lors l'initiative des opérations échappait aux Russes qui subirent les événements au lieu de les diriger.

11°- La bataille de Moukden dura 3 semaines, du 19 Février au 11 Mars, elle compta 700.000 combattants (380.000 Russes 320.000 Japonais) ; elle se livra sur 150 km. de front ; elle affaiblit les belligérants de 200.000 hommes (110.000 Russes et 90.000 Japonais). — C'est de beaucoup la rencontre la plus importante de la guerre russo-Japonaise.

12°- Avan-

12° - A aucun moment de cette bataille on ne peut relever la moindre tentative de manœuvre de la part du Généralissime russe. Il laissa prendre l'initiative aux Japonais, puis se borna à résister partout sur place ; en constituant hâtivement, pour parer aux nécessités du moment, des détachements locaux de constitution absolument quelconque.

13° L'habitude de créer à tout instant de nouveaux détachements aboutit à une profonde désorganisation de l'armée russe ; on retira des corps d'armées aux armées, des divisions aux corps d'armée et ainsi de suite jusqu'aux compagnies. On cite le cas d'un général de division, enlevé à sa division pour en commander une autre formée de deux brigades appartenant à des corps d'armée différents. - En fin de compte il ne restait presque plus d'unités intactes ; les troupes étaient fractionnées en détachements séparés dans lesquels personne ne se connaissait. - C'était la dislocation systématique de tous les liens tactiques.

14° On peut relever au cours de cette bataille de nombreux exemples de désordre dans le commandement de l'armée russe. Ainsi le 4 Mars à Souhoudiapou (sur le Houn-ho, voir croquis N° 2). les Russes reçoivent l'ordre d'abandonner leur forte position de la rive Est en brûlant les gros approvisionnements qui y avaient été accumulés, cela pour se porter sur la rive, plus à l'Ouest de Moukden. A peine la position était-elle évacuée que le général en chef fit demander pourquoi on avait abandonné ce point très important et donna l'ordre de s'y réinstaller; mais entretemps les Japonais s'y étaient implantés; il fallait donc regagner par un sanglant combat ce que l'on avait abandonné pour rien quelques heures auparavant.

Dans un ordre d'idées voisin, il a été signalé qu'à l'Ouest de Moukden, où Kouropatkine manquait de forces suffisantes pour arrêter l'attaque de Nogi, 21 bataillons restèrent inutilisés pendant une partie de la bataille rien que dans le 1er Corps Sibérien et le 10e corps.

15°. Ce fut le 1er corps de Sibérie qui, de fait, joua le rôle de réserve générale à la bataille de Moukden; mais son effectif n'atteignait que 7 % environ des forces totales.

16° Malgré l'effrayante débandade russe du 10 Mars, malgré les promesses d'un butin immense et de résultats décisifs les Japonais ont abandonné de bonne heure la poursuite de l'Armée russe. C'est la meilleure preuve de leur complet épuisement après un effort où ils durent dépenser toute leur énergie.

17° Après le revers de Moukden, l'armée russe

s'est ressaisie et reconstituée avec beaucoup plus de rapidité qu'on n'aurait pu s'y attendre. Néanmoins cette bataille affaiblit beaucoup le moral des vaincus et diminua notablement les chances de succès final qu'on leur attribuait jusqu'alors.

Paris, le 6 Juillet 1905.

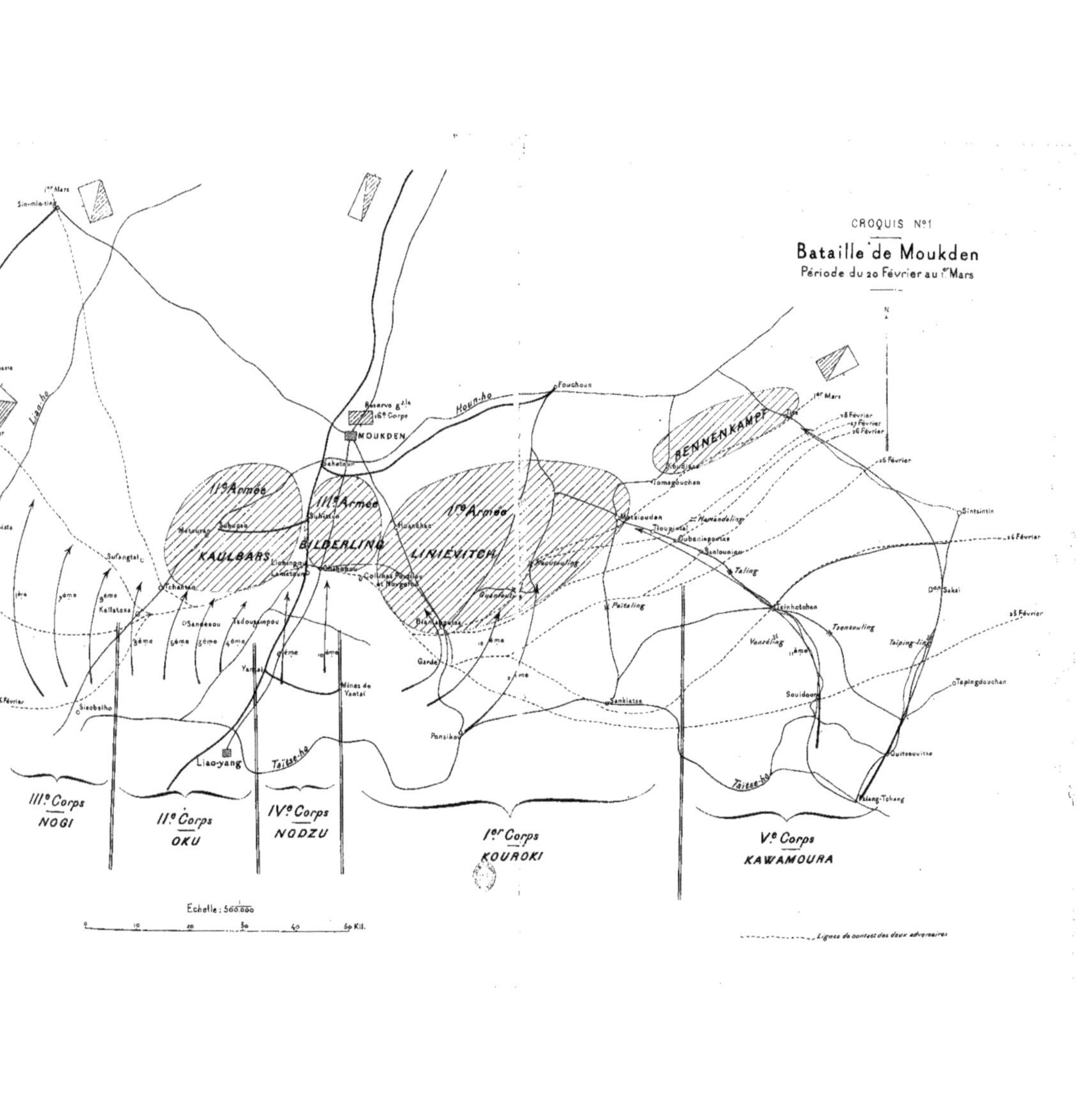

CROQUIS N°1
Bataille de Moukden
Période du 20 Février au 1er Mars
Sin-min-ting
1er Mars
Liao-ho
Houn-ho
Fouchoun
Réserve gale
16e Corps
MOUKDEN
Sahetoun
IIe Armée
KAULBARS
IIIe Armée
BILDERLING
1re Armée
LINIEVITCH
RENNENKAMPF
Tomagouchan
Matsiouden
Tioupintai
Dubeniapoutze
Santounion
Hamandeling
Taling
Peitaling
Tsinhotchen
Tsensouling
Vanzéling
Taiping-ling
Sintsintin
Dan Sakai
Tapingdouchan
Souidoun
Sankiatse
Sufangtai
Tchantan
Kallstosa
Sandesou
Tsdoussimpou
Siaobsiho
Lichingpou
Lamatoun
Shahapou
Subistun
Schugao
Houanchao
Collines Poutilov et Novgorod
Quanfoutun
Bianiapoutza
Garde
Yantai
Mines de Yantai
Pansikou
Liao-yang
Taïtse-ho
Outsoouitse
Palang-Tchang
28 Février
27 Février
26 Février
25 Février
24 Février
23 Février
IIIe Corps
NOGI
IIe Corps
OKU
IVe Corps
NODZU
1er Corps
KOUROKI
Ve Corps
KAWAMOURA
Echelle: 1/500.000
0 10 20 30 40 50 Kil.
Lignes de contact des deux adversaires

Houn-ho

re Armée

VITCH

1er Corps

KOUROKI

CROQUIS N° 2

Bataille de Moukden

Période du 1er au 7 Mars

Echelle 1/500.000

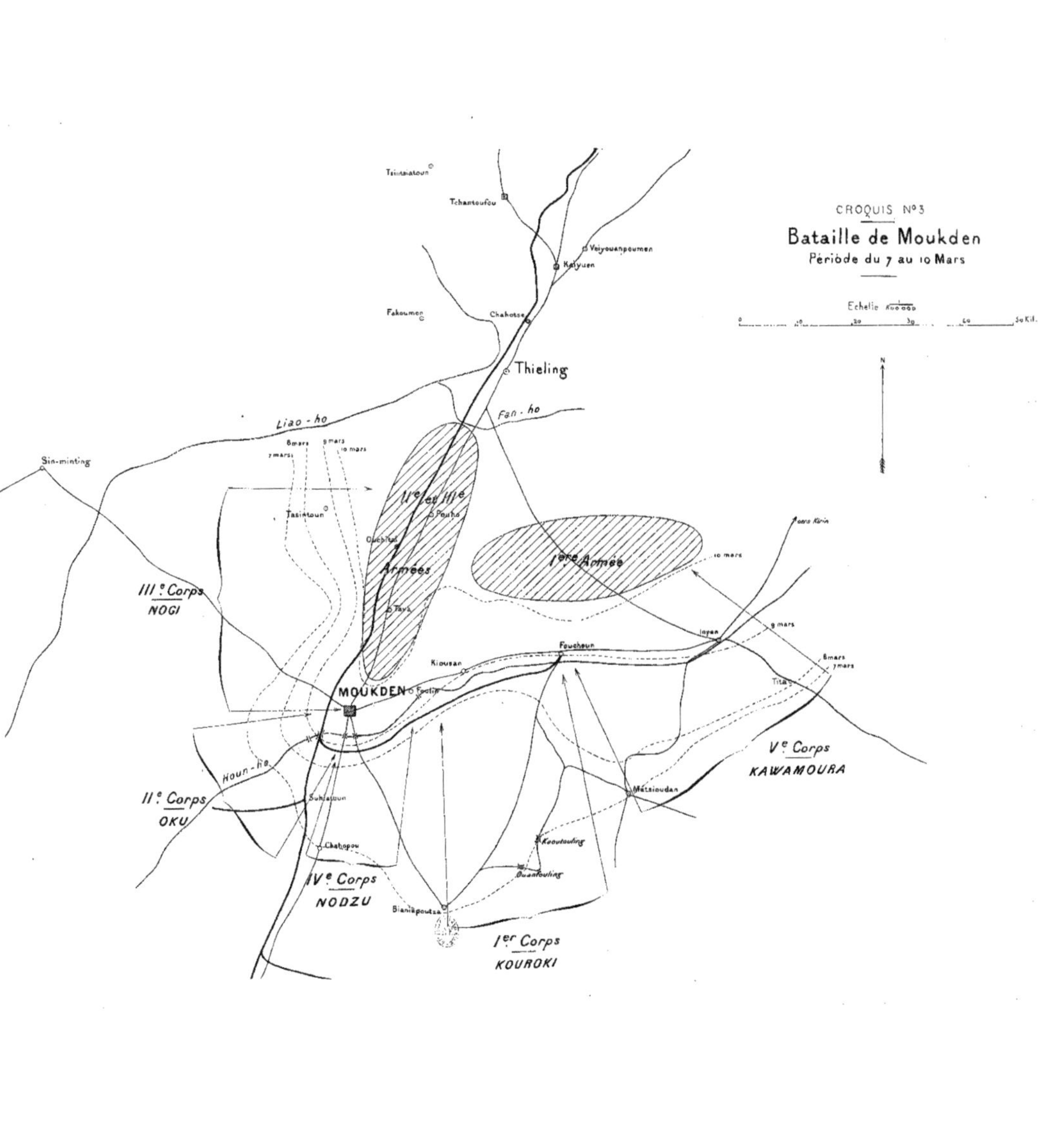

CROQUIS N°3
Bataille de Moukden
Période du 7 au 10 Mars
Echelle
0
10
20
30
40
50 Kil.
N
Tchantoufou
Veiyouanpoumen
Kaiyuen
Fakoumen
Chahotse
Thieling
Liao-ho
Fan-ho
Sin-minting
8 mars
7 mars
9 mars
10 mars
Tasintoun
IIe et IIIe
Armées
Pouho
Tava
Ire Armée
vers Kirin
III.e Corps
NOGI
Kiousan
Foucheun
Iopen
MOUKDEN
Foulin
Houn-ho
Ve Corps
KAWAMOURA
II.e Corps
OKU
Suhiatoun
Chahopou
Matsioudan
Kaoutouling
Ouantouling
IVe Corps
NODZU
Bianiapoutza
Ier Corps
KOUROKI

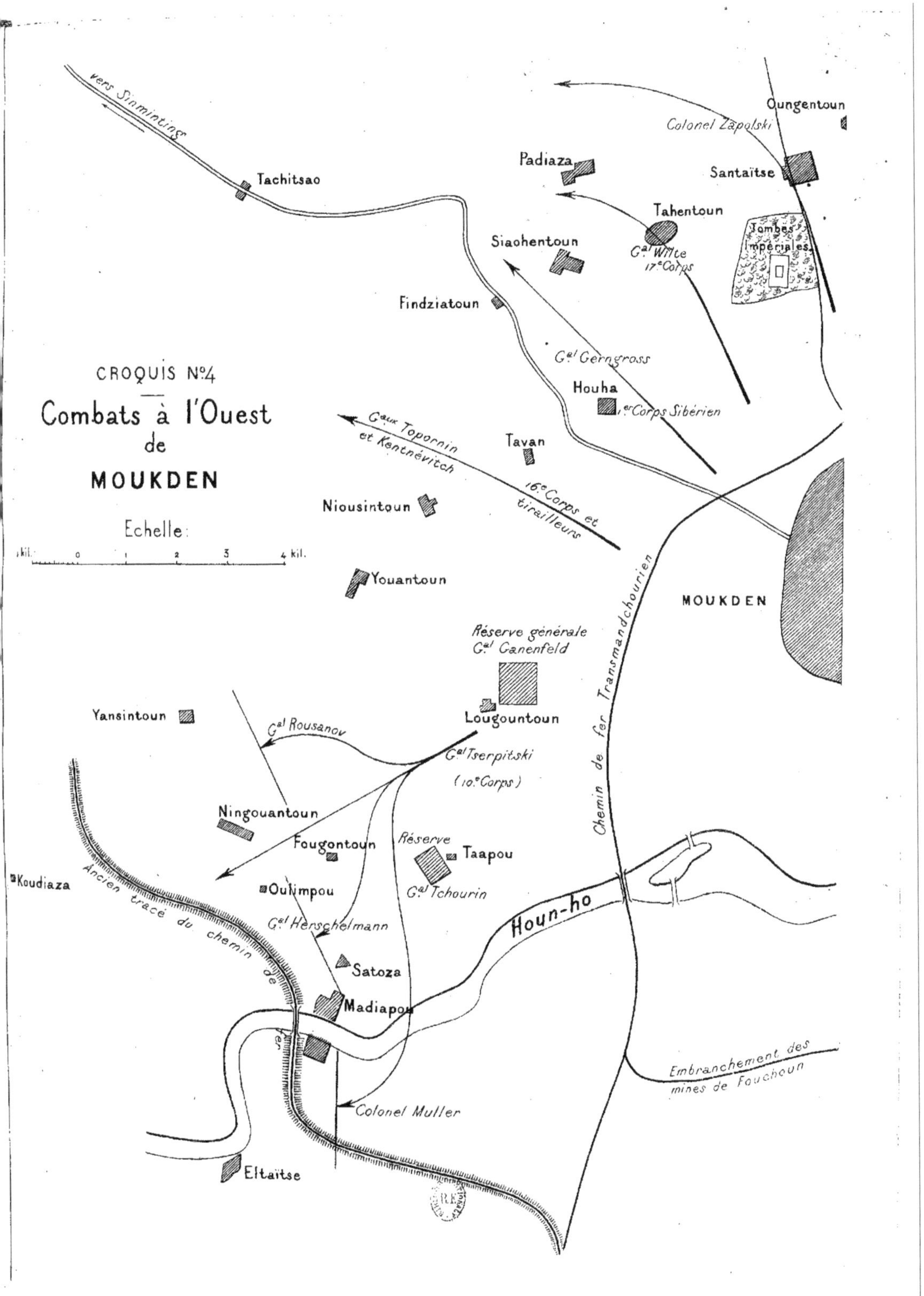

CROQUIS N°4

Combats à l'Ouest de MOUKDEN

Echelle:

1 kil. 0 1 2 3 4 kil.

vers Sinminting
Tachitsao
Padiaza
Oungentoun
Colonel Zapolski
Santaïtse
Tahentoun
Tombes Impériales
Siaohentoun
Gal Wilte
17e Corps
Findziatoun
Gal Gerngross
Houha
1er Corps Sibérien
Gaux Topornin et Kentnévitch
Tavan
16e Corps et tirailleurs
Niousintoun
Youantoun
MOUKDEN
Réserve générale
Gal Ganenfeld
Chemin de fer Transmandchourien
Yansintoun
Lougountoun
Gal Rousanov
Gal Tserpitski
(10e Corps)
Ningouantoun
Fougontoun
Réserve
Taapou
Koudiaza
Oulimpou
Gal Tchourin
Houn-ho
Gal Herschelmann
Ancien tracé du chemin de fer
Satoza
Madiapou
Embranchement des mines de Fouchoun
Colonel Muller
Eltaïtse

www.ingramcontent.com/pod-product-compliance
Ingram Content Group UK Ltd.
Pitfield, Milton Keynes, MK11 3LW, UK
UKHW021201220726
13924UKWH00003B/1257